# Êtes-vous votre pire ennemi ?

*Couverture :*
Robin et Ana Lilia Perez

Ana Sandrea

# Êtes-vous votre pire ennemi ?

## 21 clés pour se libérer de l'Auto-Sabotage

## Devenez votre plus grand allié

Éditions Lanore
François-Xavier Sorlot, éditeur
6 rue de Vaugirard, 75006 Paris

ISBN : 9782851577641
www.fernand-lanore.com
contact@editionslanore.com

À Mateo, Alicia et Tobias
pour votre patience et votre amour.
Je vous aime !

# Préface

Le thème de l'Auto-Sabotage a commencé à me fasciner il y a bien longtemps, notamment parce que je ne comprenais pas alors comment un être humain pouvait devenir son propre ennemi. Voire son pire ennemi.

Je me demandais comment nous pouvions parfois déployer autant d'énergie à nous nuire ?

Même si je ne connaissais pas en profondeur ce sujet, je sentais bien qu'il n'était pas naturel pour un être humain de se détourner ainsi de lui-même.

J'ai remarqué aussi que nous passons notre vie à chercher, à l'extérieur de nous, des coupables de notre situation, comme la crise, le système, le conjoint, le supérieur hiérarchique, le gouvernement et en réalité nous vivons en toute intimité avec notre plus grand opposant : nous-même !

Le plus grand obstacle à notre épanouissement se trouve sans doute à l'intérieur de nous. Il existe des parties de nous-même qui refusent mordicus que nous changions, que nous évoluions, que nous prospérions ou que nous réussissions. C'est peut-être difficile à croire mais c'est ainsi.

Ces schémas entravants, nous les avons appris et créés. Nous avons inconsciemment adhéré aux personnages intérieurs qui y sont associés. Pourtant, en réalité, nous sommes autre chose que celui ou celle que nous croyons être. Le « vrai » nous attend depuis des années derrière les imposteurs.

Lorsque j'évoque l'auto-sabotage devant les gens, je fais face à deux grandes sortes de réaction. Il y a tout d'abord ceux qui reconnaissent en souffrir. Et puis il y a la majorité qui ne sait pas de quoi je parle. Même dans les milieux du développement personnel, le sujet est assez méconnu du grand public. Pourtant, ses effets sont néfastes à grande échelle.

L'autre raison qui m'a poussée à m'intéresser à ce sujet, c'est que j'anime des stages sur les blessures d'enfance, sur les peurs, la confiance en soi et la loi d'attraction. Dans ce cadre, j'ai souvent remarqué que certaines personnes se donnaient à fond pendant les ateliers, qu'elles prenaient en fin de stage des engagements très transformateurs mais qu'au final elles ne parvenaient pas à les tenir dans la durée.

Pourtant, si elles l'avaient fait, cela aurait changé leur vie. Car pour une raison que je ne comprenais pas encore à l'époque, une force invisible les en empêchait.

J'ai donc commencé à étudier ce phénomène en profondeur, et je me suis bientôt rendu compte que ces mécanismes auto-saboteurs avaient des racines très profondes, et surtout qu'ils affectaient des millions de personnes de par le monde.

Comment ces mécanismes se mettent-ils en place? Pourquoi les mettons-nous en place ? Et surtout que faire une fois qu'ils sont à l'intérieur de nous ? Ce livre est né de toutes ces questions mais aussi de mes recherches, de mes réflexions et de mes prises de conscience. Mes sources d'informations les plus importantes sont sans doute issues d'un long travail empirique sur mes propres systèmes d'auto-sabotage et sur ceux de nombreux clients.

Ce travail est loin d'être terminé. Je continue au quotidien à démasquer des auto-sabotages à l'intérieur de moi, et ce livre me donne l'opportunité d'explorer plus avant encore les profondeurs de mon âme. Je vais d'ailleurs l'utiliser comme un outil de connaissance et d'approfondissement de mon Être.

Au moment où je m'attelle à son écriture, je possède déjà une base solide quant à la « mécanique » complexe de l'auto-sabotage. Mais j'ai aussi l'intuition que je ne suis qu'au début de mes découvertes et qu'ensemble, au fil des lignes et des pages, nous grandirons en retrouvant des parties de nous-mêmes.

Plongeons maintenant ensemble dans des territoires inconnus de notre inconscient...

# Mon histoire d'auto-sabotage

Dans ma vie, les systèmes d'auto-sabotage (par souci de concision, j'utiliserai le sigle AS dans la suite de cet ouvrage), s'exprimaient principalement dans deux domaines très précis : en premier lieu celui de mon rapport à l'argent dont je parlerai dans cette partie et ensuite celui de mes relations sentimentales.

Je suis née au Venezuela, en 1970, à une époque où le pays était en plein boom pétrolier. Partout l'argent coulait à flot, à tel point qu'on parlait de « Venezuela Saoudite », sur le ton de la blague certes, mais cette expression n'était finalement pas si loin de la réalité.

Jusqu'à ma dixième année, ma famille appartenait à la classe moyenne, pour ensuite « basculer » dans la classe moyenne basse. Le rapport de mon père à l'argent était problématique. Bien que nous ayons vécu dans une certaine aisance au début de ma vie, j'ai souvent reçu de sa part, durant ces années-là, des messages plutôt négatifs à propos de l'argent.

Aujourd'hui, je comprends que mon père avait quantité de croyances limitantes à ce sujet, et qu'inconsciemment aussi, j'avais choisi d'adhérer à quelques-unes d'entre elles…

Il travaillait énormément mais ne s'en plaignait jamais. Il officiait comme vétérinaire et ce métier lui plaisait beaucoup. Je crois même qu'il s'agissait pour lui d'une véritable passion.

Mon père faisait souvent des réflexions concernant l'argent. Il disait par exemple : « Je n'ai pas d'argent parce que cela ne m'intéresse pas ! » Ou encore : « Nous n'avons pas beaucoup d'argent mais nous avons une famille unie ! »

Et surtout, il me renvoyait une vision de l'argent comme quelque chose de très difficile à acquérir. Quelque chose de presque inatteignable et auquel je n'avais pas tout à fait droit.

Longtemps je l'ai considéré comme près de ses sous, mais avec le temps, je me suis rendu compte qu'il ne l'était pas mais qu'il avait tout simplement peur de manquer.

Cette radinerie supposée a malgré tout fait des dégâts chez moi. La petite fille que j'étais n'avait pas la capacité de comprendre qu'il s'agissait de limites que mon père avait en lui. Alors, comme la plupart des enfants, j'ai comme rejeté la faute sur moi.

Du côté de ma mère, l'histoire était différente. Elle s'opposait à la vision fataliste et pessimiste de mon père. Entre eux, l'argent a toujours été un sujet délicat et a généré énormément de conflits. Ma mère vivait les fluctuations de la situation économique familiale avec une certaine amertume. Elle était positive, optimiste et d'une générosité remarquable, mais en même temps, elle donnait à l'argent énormément de pouvoir dans sa vie.

J'ai hérité de son optimisme et de sa générosité même si dès l'âge de 17 ans, j'ai été contrainte de travailler pour subvenir à mes besoins car notre situation économique s'était détériorée. Ils ne pouvaient donc ni financer mes études de droit ni honorer les loyers de ma chambre d'étudiante. Certes mon père contribuait ponctuellement à mes dépenses, mais si rarement, que cela a renforcé ma croyance selon laquelle personne ne m'aiderait jamais dans la vie et aussi celle que je ne pouvais pas compter sur les hommes.

En parallèle est né le sentiment étrange que je n'avais pas le droit que l'on veille sur moi. Ce qui a débouché plus tard sur des relations très compliquées entre les hommes de ma vie, l'argent et moi.

Pour financer mes études, j'ai fait des petits boulots. J'ai également travaillé dans des tribunaux et dans des cabinets d'avocats. Je devais faire beaucoup d'heures pour parvenir à honorer toutes mes factures et les fins de mois étaient presque toujours difficiles.

C'est à cette époque que j'ai commencé à constater chez moi un comportement, qui par la suite allait me causer bien des soucis : malgré mes finances précaires, il m'arrivait ponctuellement d'avoir un peu d'argent en trop mais en ces rares occasions, je me débrouillais toujours pour tout dépenser.

Je me souviens notamment d'un jour où un client satisfait m'avait donné une coquette somme. Toute fière d'avoir un peu plus d'argent que d'habitude, pour la première fois de ma vie, je l'avais raconté à mon frère. Et tout de suite, ce dernier trouva une idée pour « investir » cet argent et il a mis la pression sur moi pour que j'y adhère. Par peur des critiques, du « qu'en dira-t-on » familial, ou de passer pour une égoïste, je lui ai finalement envoyé. Cependant, pour des raisons trop longues à raconter ici, cette somme s'est perdue lors du transfert bancaire et je me suis retrouvée aussi démunie qu'avant.

Une fois adulte, ces croyances erronées sont revenues en force et mes systèmes d'AS, basés sur elles, m'ont attirée vers des situations rocambolesques et difficiles. Par exemple, lorsque je suis arrivée en France, non seulement je ne parlais pas un mot de français mais en plus je n'avais pas de papiers et bien qu'étant alors enceinte de mon mari de l'époque, celui-ci insistait pour que je travaille. Comme j'avais déjà vécu ce genre de situation avec mon père, ce sentiment que je n'avais pas le droit à ce que quelqu'un veille sur moi est revenu en force. D'autant que mon mari vivait très mal le fait de devoir m'entretenir, et que cela générait énormément de violence physique, morale et affective entre nous.

Un jour, j'ai réalisé qu'avoir autant de problèmes avec l'argent n'était pas « normal ». J'ai alors commencé un travail d'introspection au cours duquel j'ai pris conscience que mes difficultés avec l'argent n'étaient dues ni à la crise économique, ni à un manque de chance, ni à mon peu de talent en matière financière, mais qu'il s'agissait bel et bien de tout un système pernicieux qui m'avait été appris et légué et auquel j'avais inconsciemment accepté d'adhérer.

C'est à ce moment que le terme « auto-sabotage » est apparu pour la première fois dans mon esprit. J'ai rapidement décidé de m'en libérer.

Un chemin extraordinaire a alors commencé.

# PARTIE I

# LA COMPRÉHENSION

# L'AUTO-SABOTAGE, C'EST QUOI ?

L'AS est l'ensemble des comportements, habitudes et attitudes qu'une personne adopte et qui l'empêchent d'accéder à la vie à laquelle elle aspire et qu'elle mérite. Cela peut se manifester dans le faire, dans le non-faire ou même dans une voix qui tourne en boucle dans votre tête. En apparence, ces mécanismes ressemblent au hasard mais ils se répètent dans notre vie et nous attirent souvent vers les mêmes types de personnes et de situations délétères. L'auto-sabotage consiste aussi à faire toujours les mêmes choses en attendant des résultats différents.

Allons plus loin.

Ces comportements nous nuisent. Ils sont plus ou moins conscients et nous empêchent de trouver notre bonheur et notre liberté d'être, d'aimer ou d'avoir des relations saines avec nous-même et avec les autres.

L'auto-saboteur est comparable à un virus créant le désordre, la désinformation, la méfiance, le manque de clarté et de confiance en nous-même.

*Prenons le cas typique d'un alcoolique qui a décidé d'arrêter de boire. Cet homme sait que l'alcool est nocif pour lui, qu'il lui crée des problèmes de santé et d'ordre social et que son entourage s'en plaint. Et pour toutes ces raisons, il a envie de s'en libérer. Mais une voix lui chuchote immanquablement à l'oreille : « Tu n'y arrive-*

*ras pas. C'est trop dur. Ce n'est pas le moment. Et puis comment vas-tu évacuer ton stress ? »* T*ous les alcooliques que j'ai interrogés à ce sujet ont été unanimes sur ce point. Sauf que cette voix, ce n'est pas la leur mais celle de leur SABOTEUR en chef.*

Ce saboteur s'est greffé sur nous et nous l'avons accueilli, nourri et entretenu. En permanence, il nous manipule avec des raisonnements en apparence très logiques et élaborés mais destinés en réalité à nous éloigner de nos objectifs.

Lorsque vous êtes dans l'AS, vous pouvez prendre des décisions ou entreprendre des actions. Mais dans une large ou dans une moindre mesure, vous allez toujours vous mettre des bâtons dans les roues pour ne pas atteindre les buts que vous vous êtes fixé.

Je suis peut-être en train de caricaturer ces mécanismes mais ce qu'il faut en retenir, c'est qu'avec eux et à cause d'eux les décisions que vous prendrez seront dans le meilleur des cas bien plus difficiles à concrétiser que sans.

Alors pour nous en libérer, disséquons ensemble ce système.

## Exemples courants d'auto-sabotage

De nombreuses personnes sont enfermées dans des AS mais ne sont pas conscientes qu'il s'agit là d'un système. Je l'ai souvent remarqué auprès de mes clients, de ma famille ou de mes amis.

Voici quelques exemples récurrents de ces situations. Peut-être vous parleront-ils.

1. Vous avez souvent des problèmes d'argent. Vos fins de mois sont difficiles. Et voilà que soudain, vous touchez une prime inattendue dans votre travail... mais un pneu de votre voiture crève tout aussi soudainement et ce surplus d'argent bienvenu se volatilise intégralement dans la réparation.

2. Vous prenez une décision importante et vous êtes persuadés que c'est la bonne car ça l'est. Mais tout d'un coup, des doutes vous assaillent. Vous vous demandez si cette option est réellement la plus judicieuse. Vous en envisagez d'autres mais au final vous ne faites rien.

3. Vous êtes seul depuis longtemps ou bien enfermé dans une relation qui ne vous convient pas. Enfin vous rencontrez quelqu'un qui vous plaît et avec qui vous vous sentez vraiment bien et c'est réciproque. Au fond de vous, vous sentez que cette relation peut marcher et mener loin. Sauf que tout d'un coup, le doute vous saisit. Vous commencez à vous dire « Je ne suis pas amoureux » ou encore « Je ne crois pas que cew soit la personne qu'il me faut ». Et votre comportement envers ce nouvel amour

change. Vous devenez soudainement froid et distant. La relation en souffre, s'essouffle et finit par s'arrêter.

4. Vous vous disputez souvent avec votre partenaire mais vous finissez toujours par vous réconcilier avec à chaque fois un agréable sentiment de soulagement. Puis voilà qu'une parole ou un acte de sa part vous énerve à nouveau et la énième dispute démarre.

5. Vous avez des kilos à perdre. Vos vêtements ne vous vont plus. Vous n'aimez pas votre image dans le miroir. Vous décidez alors de maigrir en adoptant un régime plus sain. Vous achetez des aliments bons pour votre corps. Vous débarrassez votre frigo et vos placards de tous ceux qui pourraient vous faire grossir. Vous tenez ainsi quelques jours jusqu'à ce qu'une irrépressible envie de manger du chocolat ne s'empare de vous. Vous filez droit au supermarché le plus proche pour y acheter une grande barre chocolatée que vous engloutissez illico et toutes vos résolutions le sont avec.

6. Vous êtes au chômage depuis trop longtemps, et vous tombez enfin sur une petite annonce pour un poste qui pourrait vous correspondre. Vous composez le numéro de téléphone indiqué et décrochez un rendez-vous d'embauche avec vos futurs employeurs potentiels. Mais voilà que le jour dit, le métro est en grève et vous ratez votre entretien, convaincu que c'est la fatalité.

7. Il y a quelques années, vous avez eu un grand chagrin d'amour. Ce n'était d'ailleurs que le dernier d'une longue

liste. Mais de celui-là, vous ne vous êtes jamais vraiment remis. Votre sœur qui vous adore le déplore. Elle vous encourage à faire un travail sur vous pour avancer. Vos amis les plus proches aussi. Mais vous n'arrivez pas à prendre la décision de vous occuper de vous ni à prendre votre vie en main. Alors vous continuez stérilement à vous apitoyer sur votre sort et rien ne change.

8. Cela fait longtemps que vous êtes lancé sur le « chemin de l'introspection ». Vous avez fait quantité de stages, lu beaucoup de livres et suivi plusieurs thérapies différentes. Au fil des années, vous êtes ainsi devenu une sorte de docteur en développement personnel. Mais lorsqu'une difficulté se présente, vous ne mettez pas en pratique tout ce que vous avez appris. Vous savez que cela irait bien mieux en le faisant, mais vous n'y arrivez pas vraiment.

9. Vous êtes systématiquement en retard à vos rendez-vous. Une espèce de force semble vous y pousser et vous ne parvenez pas à vous y soustraire.

10. Vous avez prévu un week-end en amoureux avec votre partenaire. Vous avez vraiment besoin de vous retrouver seuls. L'hôtel est réservé, le train aussi mais juste avant le grand départ, votre frère adoré vous téléphone. Il s'est mis à nouveau dans de sérieux ennuis. Vous choisissez de laisser tout tomber pour l'en sortir.

11. Vous êtes lessivé physiquement et surmené professionnellement. Vous décidez donc de vous accorder

quelques jours de vacances. Mais une fois en congé, vous attrapez une grosse grippe. Vos plans de vacances de rêve tombent à l'eau et vous ne vous ressourcez pas vraiment.

12. Vous avez une vie très routinière et l'impression justifiée de faire toujours un peu les mêmes choses. Aussi, quand un ami vous propose de partir avec lui visiter l'Inde, quelque chose vous dit d'accepter. Mais en même temps, la nouveauté et l'aventure vous effraient. Pour finir, vous déclinez l'offre.

13. Vous avez des dettes. Votre compte est à découvert. Du coup, vous vous êtes promis d'investir seulement dans les choses nécessaires. Mais les soldes arrivent. Vous passez devant une vitrine et de magnifiques chaussures à talons vous font de l'œil. Elles sont chères mais en promotion à 50 %. Vous n'en avez aucun besoin urgent mais vous finissez malgré tout par craquer, vous mettant du même coup encore davantage dans le rouge.

14. Dans des situations nouvelles et avec des personnes différentes, vous avez tendance à toujours réagir avec le même type d'émotions négatives (peur, colère, tristesse).

Cette liste n'est malheureusement pas exhaustive tant les comportements d'AS sont nombreux et diversifiés. Mais si par hasard vous avez réussi à vous reconnaître dans l'un d'eux, c'est bon signe car cela veut dire que ces schémas destructeurs sont ainsi passés de l'inconscient vers le conscient. Vous avez ainsi déjà fait un premier et grand pas vers la guérison.

## La notion de Responsabilité

Beaucoup de personnes croient au hasard. De mon côté, je n'y crois plus. Je suis en revanche convaincue que nous sommes les créateurs de notre réalité. Je crois aussi que nous la créons à partir de croyances, d'expériences, de peurs, de situations que nous avons vécues dès la petite enfance ou parfois même dans le ventre de notre mère. La psychologie et la psychiatrie sont prolixes sur ce sujet.

Tous les formateurs et les experts en développement personnel que j'ai lus ou entendus sont unanimes : « Nous sommes créateurs et responsables de notre réalité ! » De mon point de vue, cette responsabilité est encore plus vaste que nous pouvons l'imaginer. Nous sommes même en effet co-créateurs de notre réalité avec les personnes qui nous entourent via nos différentes interactions et les situations qu'elles engendrent.

Ces personnes apparaissent dans vos vies ou y sont déjà car vous avez « résonné » avec elles. Cette résonance se joue à plusieurs niveaux. Et l'un de ces niveaux est que vous avez des schémas, des conditionnements en commun. Ces personnes sont vos miroirs. J'ai été mariée avec un homme qu'à l'époque je jugeais violent. Ensuite, j'ai vécu avec un autre homme présentant une violence importante mais sournoise. En ce temps, je ne comprenais pas pourquoi j'attirais ce genre de personnes. Je pensais que ce n'était là que de la malchance.

Après un long travail sur moi, j'ai pris conscience que ces hommes avaient fait résonner en moi une violence que je niais mais qui existait pourtant bel et bien.

Nous reproduisons avec les autres des situations passées non résolues de notre vie. Principalement celles en rapport avec notre enfance et nos parents.

La première fois que j'ai entendu cette idée, elle a été difficile à intégrer. Pourtant, plus souvent que je ne le croyais, nous créons notre vie de manière inconsciente. Il y a d'ailleurs plusieurs théories à ce propos. Les plus optimistes disent que nous sommes conscients de 10 % de ce qui se passe dans nos vies. D'autres estiment que dans le meilleur des cas, cette proportion n'est que de 3 %. Et effectivement, nous sommes probablement plus près de cette dernière estimation. C'est malheureusement et principalement avec ce 90 à 97 % d'inconscient que nous créons les difficultés qui nous entravent.

Le comprendre et surtout l'admettre est un choc. Y parvenir représente souvent un chemin long mais enthousiasmant. Il y a cinq ans, j'étais moins responsable qu'aujourd'hui et dans dix ans, je le serai davantage. Même si je suis convaincue de cela, dans certains cas encore, principalement lorsque je suis trop impliquée émotionnellement, il reste difficile pour moi d'accepter pleinement ma responsabilité. Malgré cela, je suis certaine que les autres et le monde ne sont que des miroirs de notre réalité intérieure. Et il suffit donc parfois de changer certaines données internes pour que notre perception de l'extérieur se transforme et nos expériences avec.

Il existe plusieurs paliers de responsabilité. Le premier, c'est que vous êtes seul responsable de vos réactions et de vos comportements. Malgré cela, on entend régulièrement des personnes prononcer des phrases comme : « Il m'a mis en colère », « J'étais forcé de réagir de cette façon » ou encore « Je n'avais pas le choix ».

Tant que vous continuerez à penser, à parler et à agir de cette manière, prendre la maîtrise de votre vie sera compliqué voire impossible. Et ce parce que cela montre qu'au fond vous êtes persuadé d'être le jouet de forces invisibles sur lesquelles vous n'avez aucune prise. Ma vérité, basée sur mon expérience de vie, est qu'en réalité, nous avons toujours le choix !

*Voici l'exemple tout simple qu'un client m'a raconté et qui l'illustre bien. Victor (il s'agit d'un prénom d'emprunt comme tous ceux que j'utiliserai dans la suite de ce livre) se couchait tard toutes les nuits après être longuement resté sur son ordinateur. Chaque matin, il était fatigué et de mauvaise humeur mais s'agitait à peine debout. Cette morosité matinale débouchait souvent sur des disputes avec sa femme. Un jour, celle-ci lui a à nouveau fait une remarque car il n'arrêtait pas de se plaindre. Victor lui a répondu de manière violente. « Car elle me harcelait toujours sur ce sujet », m'a-t-il précisé. Une grosse dispute s'en est suivie et chacun est parti de son côté fâché. « À cause d'elle, je n'ai pas pu prendre de petit-déjeuner à la maison, je suis arrivé en retard au travail et j'ai eu mal à la tête toute la journée », m'a expliqué Victor.*

*Lorsque je lui ai demandé quelle autre attitude il aurait pu adopter, Victor a persisté à mettre en avant sa réaction première. À savoir qu'il restait convaincu qu'il fallait qu'il remette sa femme à sa place pour qu'elle le laisse enfin tranquille. Cela lui semblait la seule issue.*

*Après avoir travaillé avec Victor sur sa stratégie d'AS, il s'est rendu compte qu'il s'ennuyait dans sa vie. La stratégie qu'il avait choisie pour contrer ce phénomène était de « rester tard devant son ordinateur ». Mais loin de l'aider, elle était au contraire en train de lui causer de gros problèmes de couple. Par AS, Victor ne se couchait jamais au même moment que sa femme. Résultat : leur intimité s'en trouvait affectée. Tous deux étaient frustrés et chaque matin, la situation était inévitablement explosive et leur couple se délitait jour après jour.*

*Au début, Victor était persuadé que son problème se solutionnerait si sa femme arrêtait de remettre chaque matin le sujet de sa mauvaise humeur sur le tapis.*

*Sauf qu'il s'est rendu compte petit à petit qu'il avait le choix en réalité, de faire autrement. Victor a décidé de comprendre pourquoi il s'ennuyait dans sa vie. Ce faisant, il a constaté que cette impression dominait en lui depuis l'enfance. En travaillant sur lui, des prises de conscience sont apparues. De là, il a pu entreprendre des actions concrètes comme tout simplement modifier ses heures de coucher. Depuis, son couple se porte beaucoup mieux et il s'en réjouit.*

Les choses sont certes parfois beaucoup plus subtiles ou compliquées que dans le cas de Victor. Car la prise de responsabilité pleine et entière est l'un des aspects les plus difficiles sur le chemin menant à la conscience. Surtout pour les personnes vivant depuis longtemps dans la souffrance.

Prendre la responsabilité de ses AS est primordial. C'est le premier pas vers votre libération. Car si vous persistez à penser que le fait que vous arriviez souvent en retard à vos rendez-vous est dû au hasard, que c'est toujours la faute de votre partenaire si vos relations de couple ne fonctionnent pas, que c'est à cause des circonstances extérieures si vos projets n'ont pas marché, ou que c'est la crise économique qui fait que vous êtes toujours fauché, vous aurez beaucoup plus de mal à dépasser ces blocages de votre vie.

C'est vous l'architecte et le bâtisseur de votre vie et c'est vous seul qui avez les clefs pour vous affranchir de vos difficultés ! Vous ne dépendez de personne d'autre que de vous-même. Sur vous seul, vous avez tous les pouvoirs. Gardez bien en tête ces réalités et elles le redeviendront.

En revanche, la prise de responsabilité est une des clefs fondamentales du processus de libération que je vous propose.

Êtes-vous prêt à l'accepter ?

## Symptômes de l'auto-sabotage

Nous allons maintenant nous pencher en détail sur les différentes facettes de l'AS afin de vous aider à cerner vos propres schémas. Beaucoup de personnes sont persuadées qu'elles sont nées ainsi et que ce qu'elles n'identifient pas encore comme étant leurs schémas d'AS fait partie intégrante de leur personnalité. « Je suis comme ça ! » assènent même certains comme pour mieux convaincre la partie qui au fond d'eux sait que ce n'est pas le cas. Hé bien non, vous n'êtes pas comme ça ! Vos systèmes d'AS se sont créés et renforcés au cours de votre vie. Surtout lors de vos premières années.

Vous n'êtes pas votre auto-saboteur. Vous êtes l'être qui se cache derrière lui. Le comprendre, c'est déjà la moitié du processus de guérison de fait. J'y reviendrais plus loin.

Maintenant, prenez un crayon et une feuille afin que nous puissions dresser ensemble noir sur blanc une sorte de portrait-robot de vos personnages internes en répondant à diverses questions. Voici quelques symptômes de l'auto-sabotage

**1. La peur du changement** : L'être humain a naturellement tendance à chercher son confort. C'est normal et même sain. Sauf lorsqu'on en arrive au point de tout faire pour rester dans sa « zone de confort ». En faisant cela, on passe en effet à côté de sa vie sans même s'en rendre compte. On loupe des expériences enrichissantes qui nous auraient fait grandir comme par exemple faire des voyages, des rencontres ou explorer de nouvelles activités professionnelles.

C'était exactement le cas d'un fonctionnaire de l'éducation nationale qui s'est présenté un jour à mon cabinet parce qu'il était en dépression, mais ne savait pas vraiment pourquoi. Quand nous avons commencé à chercher la cause de son malaise, il m'a immédiatement dit : « Ça fait 30 ans que je fais le même travail et cela m'ennuie à mourir ! » Je lui ai alors demandé pourquoi il n'arrêtait pas ? Et il m'a répondu : « Parce que ça paie les factures et que je ne sais pas quoi faire d'autre. »

Qu'il soit en dépression dans une pareille situation n'avait dès lors rien de surprenant. Au contraire !

Rester dans sa zone de confort est évidemment rassurant. Mais l'évolution ne s'enclenche que lorsqu'on est prêt à en sortir.

Lors des stages que j'organise, j'ai souvent remarqué que les participants en arrivant trouvaient une place, puis s'y accrochaient tout le week-end. Depuis, je les encourage à en changer ainsi que de voisin après chaque pause. Procéder ainsi est comme une « allégorie » de l'existence. La plupart des personnes dans le monde sont constamment en train de chercher leur sécurité, comme si c'était là le seul besoin fondamental de l'être humain. Ce n'est évidemment pas le cas. L'Épanouissement ne se trouve que lorsque l'on s'occupe aussi de tous ses autres besoins.

| **Évolution** | **Contribution** |
|---|---|
| Reconnaissance | Amour-Connexion |
| Sécurité | Variété |

Il y a plusieurs types de tableaux des besoins, mais j'aime bien celui d'en haut, parce que je le considère simple et efficace en même temps.

Si vous restez dans vos stratégies de sécurité, vous pouvez passer à côté d'expériences et de personnes vraiment enrichissantes. Plus vous allez dans ce que j'appelle les besoins spirituels, c'est-à-dire l'évolution et la contribution, plus vos actions auront un impact sur votre propre accomplissement et vous aiderez à faire de ce monde un meilleur endroit pour vivre.

La vie est par essence indissociable du risque. Voyager, aimer, se poser des questions ou suivre sa voie, tout cela est risqué. Mais lorsque vous décidez d'affronter ces risques éventuels, la vie vous offre des expériences et des opportunités qui la rendront plus excitante. Vous devrez ainsi mobiliser des ressources intérieures que vous ne soupçonniez même pas.

- **Les questions à se poser pour avancer** : Lesquels de vos besoins mettez-vous le plus en avant d'habitude ? La recherche de sécurité fait-elle partie de vos grandes priorités ? Craignez-vous les situations ou les personnes nouvelles ?

### 2. Obtenir systématiquement des résultats indésirables dans un domaine donné.

Les personnes souffrant de l'AS n'en sont heureusement pas victimes dans tous les domaines mais généralement dans un ou deux. Parfois davantage, mais plus rarement. En ce qui me concerne, mes systèmes d'AS se manifestaient dans le domaine des finances et celui des relations amoureuses. Quand dans votre vie vous avez systématiquement des difficultés dans un domaine donné, vous pouvez être quasiment certain que vous êtes en présence d'AS.

- **Les questions à se poser pour avancer :** Dans quels domaines de votre vie rencontrez-vous les plus grandes difficultés ? Comment se présentent-elles ?

**3. Être très dur avec soi-même, se juger, se punir, se critiquer, se maltraiter, ne jamais se féliciter, ne jamais être content de soi.** La plupart des personnes qui mettent en place des schémas d'AS le font comme pour se punir. Ces personnes ont une très faible image d'elles-mêmes. Rien de ce qu'elles font ne les comble ni ne les satisfait.

Moi-même, lors des premiers stages que j'animais, je n'étais jamais contente de moi, alors qu'avec le recul je réalise que je me débrouillais déjà plutôt bien. À cette époque, je redoutais toujours la fin du stage car c'était à ce moment-là que j'en tirais systématiquement un bilan négatif en ne me focalisant que sur ce qui n'avait pas été parfait. Cela me faisait souffrir. Je ne me souviens pas m'être jamais félicitée intérieurement du succès d'un de ces week-ends pourtant riches. Aujourd'hui, mon regard sur moi a complètement changé. Je me félicite, je me célèbre et je reconnais mes progrès.

- **Les questions à se poser pour avancer :** Vous jugez-vous souvent ? Si oui dans quels domaines ? Vous punissez-vous consciemment ou non suite à ce que vous considérez comme des échecs ? Prenez-vous soin de vous ? Arrivez-vous à avoir de l'empathie pour vous-même lorsque vous en auriez besoin ? Vous arrive-t-il d'être satisfait ou fier de vous ?

**4. La répétition**

Un des symptômes de l'AS est de répéter la même expérience insatisfaisante régulièrement. Le problème est que cela arrivera tant qu'une situation donnée n'est pas résolue à l'intérieur de vous. Votre inconscient vous la renverra alors de manière répétitive avec des personnes différentes et dans des moments différents.

Ces situations créeront en vous de la souffrance ou du stress selon les cas car votre âme cherche l'évolution et la libération et vous le fait savoir par ce moyen. C'est finalement efficace (même si cela est aussi parfois assez long) car la répétition est un moyen redoutable pour vous faire réagir et pour qu'un jour vous vous preniez enfin en charge.

Le cas de Mathias illustre bien la répétition inhérente aux mécanismes d'AS. Cet ami âgé de 47 ans recherche sincèrement l'amour depuis de longues années. Il aime beaucoup les femmes et enchaîne les conquêtes. Au début, ces relations sont très excitantes pour lui. Il aime découvrir sa nouvelle partenaire, son corps et la sexualité dont il peut jouir avec elle. Mais passés les premiers mois, la situation change à chaque fois. Au début, l'ennui fait son apparition puis l'homme charmant et prévenant qu'il était se transforme peu à peu en individu fuyant craignant l'engagement. « Ma stratégie est alors de me faire jeter, m'a confié un jour mon ami. Jamais je n'ai passé plus d'une année avec une femme. »

D'autres symptômes trahissent l'AS. Les voici :

Réagir souvent avec la même émotion.
Beaucoup s'investir, travailler pour rien ou presque rien.
Se trouver des excuses.
Écouter une voix dans sa tête qui juge tout ce que vous faites et le triture compulsivement.
Se vivre comme victime de l'extérieur.

Enfin, l'un des symptômes les plus gênants de l'AS est qu'il nous empêche de concrétiser dans notre vie des décisions bénéfiques que nous avions prises.

* * *

## Les auto-sabotages les plus fréquents

1. Dire non avant d'essayer.
2. Dire systématiquement oui ou non.
3. Évitement, résistance même à des choses qui pourraient vous faire du bien.
4. Se croire nul, incapable, sans valeur.
5. Avoir peur du bien-être, du succès ou du bonheur, faire barrage aux choses positives ou les fuir.
6. Ne pas changer un comportement même lorsqu'il a été à la source de nombreux problèmes ou échecs, ou qu'il s'est avéré inefficace.
7. Être passif dans des moments où il faudrait réagir.

8. L'indécision.

9. Viser des objectifs impossibles à atteindre en répétant inlassablement les mêmes actions inefficaces.

10. Se sacrifier pour les autres, vouloir les aider ou les sauver à tout prix.

11. Ne pas être à l'écoute de ses besoins.

12. Travailler sans relâche sans vous soucier de la fatigue.

13. Désirer ardemment certaines expériences tout en exigeant qu'elles prennent une forme spécifique, les rendant difficiles ou impossibles à atteindre. Par exemple : vouloir vivre avec quelqu'un qui a déjà des enfants mais insister pour que cette personne les voie moins, peu ou pas du tout.

14. Ne pas prendre de vacances ou vous sentir coupable lorsque vous le faites.

15. Penser, ressentir, être convaincu, que vous avez la poisse ou que quelqu'un vous a jeté un mauvais sort.

16. Arriver souvent en retard à vos rendez-vous.

17. Ne pas respecter vos engagements.

18. Se sentir nul ou inutile.

19. Fuir les personnes qui pourraient vous aider, voire les rejeter ou leur faire du mal.

20. Rechercher l'attachement mais éviter l'intimité ou vice-versa.

21. Avoir le sentiment que « ça ne collera jamais », que personne ne vous comprend ni ne vous accepte ou que vous n'appartiendrez jamais à un groupe.

22. Être d'emblée méfiant dans vos nouvelles relations.

23. Être attiré par des personnes qui sont prises ou qui ont des problèmes.

24. Vous couper de personnes proches en sabotant vos relations.
25. Perdre des proches car ils sont frustrés de vous voir vous nuire, refuser l'aide qu'ils vous apportent ou de vous victimiser.
26. Vous sentir souvent honteux, coupable ou frustré.
27. Tomber souvent malade. En particulier pour éviter des situations ou de faire des choix.
28. Refuser les traitements ou les médicaments qui pourraient vous aider. Ou être particulièrement lent à rechercher ou à utiliser ces remèdes.
29. Poursuivre un traitement qui s'avère pourtant inefficace ou engendrant d'importants effets secondaires indésirables.
30. Banaliser ou faire de l'ironie.
31. Ne pas parler de soi, se replier, rester silencieux.
32. Se couper du monde.
33. Aspirer à une relation amoureuse mais ne pas approcher les personnes du sexe qui vous attire.
34. Perdre ses moyens devant une personne du sexe qui vous attire.
35. Repousser une personne du sexe qui vous attire lorsqu'elle se montre intéressée par vous.
36. Ne pas être attiré ou ne pas tomber amoureux de personnes qui vous correspondent.
37. Être souvent attiré ou même établir de relations avec des personnes alcooliques ou toxicomanes.
38. S'enfermer dans une relation avec une personne dépendante ou malade persistant à refuser de se soigner.

39. S'enfermer dans une relation avec une personne qui vous dévalorise.
40. S'enfermer dans une relation de violence conjugale.
41. Faire une demande importante en commençant par un reproche direct ou implicite voire par une insulte.
42. Avoir du mal à se faire plaisir, à acheter de belles ou de bonnes choses.
43. Avoir du mal à vous trouver dans un bel endroit.
44. Vous vous réprimer et/ou réprimer les autres.
45. Avoir besoin de mettre l'autre en difficulté ou en situation d'échec.
46. Remettre systématiquement à plus tard ce que vous avez à faire.
47. Être persuadé de détenir la solution à un problème avant même d'écouter l'avis des autres personnes impliquées.
48. Vouloir toujours avoir le dernier mot.
49. Prendre sur soi les problèmes d'autrui.
50. Être souvent en désaccord, vouloir polémiquer ou débattre.
51. Donner des leçons aux autres, leur faire la morale, les culpabiliser.
52. Refuser de régler les problèmes.
53. Refuser de chercher de l'aide auprès de spécialistes (thérapeutes, médecins, etc.)
54. Dire oui, ou non, pour changer tout de suite après.
55. Avoir des intentions mais poser des actes qui y sont contraires.
56. Envier ou comparer.

57. Attendre que l'autre vous définisse ou vous valide.
58. Ne pas savoir ce que vous voulez, attendre que l'autre sache ce que vous ne savez pas sur vous.
59. Faire preuve de mauvaise foi.
60. Se réfugier (ou se perdre) dans le « don ».
61. Ne pas savoir recevoir.
62. Prendre tout au sérieux.
63. Prendre tout à la légère.
64. Être toujours dans l'humour et jamais dans le sérieux.
65. S'auto-justifier.
66. Avoir peur de vous faire avoir.
67. Le besoin de garder à tout prix le contrôle.
68. Accuser et mettre en cause autrui.
69. Persister à fréquenter ceux qui vous font du mal.
70. Vouloir changer les autres.
71. Vous mettre en relation avec une personne ne vous convenant pas mais en pensant qu'elle va changer.
72. S'approprier le malheur d'autrui.
73. Avoir peur du succès.
74. Avoir besoin d'être parfait.
75. Envoyer des messages négatifs.
76. Être d'humeur acide ou décalée.
77. Ne pas faire des demandes claires mais attendre que l'autre comprenne malgré tout vos besoins.
78. Nier vos responsabilités ou votre ressenti.
79. Faire des injonctions envers vous-même ou envers les autres.
80. Entretenir du ressentiment et de la rancœur. Proférer des accusations sans chercher à résoudre les problèmes.

81. Ressentir un certain plaisir à vous sentir mal.
82. Ne pas vouloir découvrir d'avantage ce que vous connaissez déjà.
83. Se mentir à soi-même et aux autres.
84. Manquer de présence.
85. Ne pas être dans la réalité.
86. Parler pour ne rien dire.
87. Avoir besoin de se montrer rebelle.
88. Endosser le rôle du mouton noir.
89. Vous faire passer pour quelqu'un que vous n'êtes pas.
90. Provoquer le rejet par la manière de vous habiller, de manger ou par votre apparence physique.
91. Rechercher compulsivement la sécurité.
92. Ne rien demander, se croire autosuffisant.
93. Ne rien demander mais attendre beaucoup.
94. Se sentir supérieur.
95. Vouloir convertir autrui à votre foi en la pensant la meilleure.
96. Ne pas respecter les autres, leurs choix ou leurs modes de vie.
97. Ne pas faire quelque chose que vous pouvez faire.
98. Vous penser en relation parce que vous avez des sentiments pour l'autre.
99. Être obsédé parce que vous n'avez pas, ne pas être satisfait de ce que vous avez sans faire quoi que ce soit pour changer cet état de fait.
100. Faire preuve de négativité ou de défaitisme. S'enfermer dans la fatalité.
101. Avoir peur de tout.

102. Ne rien prévoir.
103. Penser que si cela ne va pas, c'est bien fait pour vous !
104. Avoir besoin d'inquiétude, d'anxiété ou de stress pour vivre.
105. Préférer se taire et souffrir que de risquer un conflit.
106. Manquer de générosité envers soi et envers les autres.
107. Manger compulsivement, trop manger.
108. Manger des choses qui vous font grossir ou qui vous font du mal..
109. Rester dans votre zone de confort.
110. Ne jamais accepter d'aimer ou de vous laisser aimer.
111. Demander ou attendre de l'autre ce qu'il n'a pas.
112. Avoir des demandes impossibles
113. Ne pas savoir recevoir mais prendre malgré tout.
114. Abuser du temps et de l'énergie des autres.
115. Penser que les autres doivent accepter les limitations issues de vos AS.
116. Ressentir le besoin de blesser la personne qui vous a fait plaisir.
117. Vous présenter comme une victime, raconter souvent vos malheurs.
118. Façonner la réalité exclusivement selon vos attentes.
119. Ne pas pouvoir être bien quand les autres vont mal.
120. Ne pas supporter le bonheur d'autrui.
121. La rivalité.
122. Cultiver le positivisme à tout prix.
123. Ne pas supporter que l'on veuille vous aider ou que l'autre vous donne des conseils.

124. Dispenser des conseils non sollicités.
125. Faire payer très cher l'aide dont vous avez besoin.
126. Croire faire des contrats implicites n'ayant pourtant jamais été formulés.
127. Faire preuve de rigidité.
128. Commencer plusieurs thérapies mais n'en terminer aucune.
129. Être mauvais envers vous ou envers les autres.
130. Bouder.
131. Être sur la défensive, être perpétuellement agressif.
132. Vivre dans le passé ou dans le futur.
133. Vous créer des situations dans lesquelles vous êtes perdant quoi que vous fassiez.
134. Ne jamais être au bon endroit au bon moment.
135. Refaire régulièrement les mêmes erreurs.
136. Devoir être dans l'action pour vous sentir bien.
137. Vous dire que vous ne méritez pas mieux.
138. Évitez de faire certaines choses parce que vous craignez de les faire mal.
139. Ne pas réussir à tenir une date butoir.
140. Être perfectionniste au point d'inhiber l'action ou de la rendre trop lente.
141. Ne pas vous pardonner vos erreurs.
142. Être persuadé qu'aucune thérapie ou qu'aucun thérapeute ne peut vous aider.
143. Pousser les autres à vous détester ou à vous rejeter. Chercher systématiquement à déplaire.
144. Vous dire qu'un malheur vous guette lorsque les choses vont bien.

145. Commencer les choses en sachant qu'elles n'aboutiront pas.
146. Vouloir être près de personnes qui ne vous offrent jamais l'intimité dont vous avez besoin.
147. Quelquefois vous savez qu'un petit geste suffirait à arranger les choses mais vous ne le faites pas.
148. Vous aspirez à l'intimité mais dès que quelqu'un s'approche de vous, cela vous fait peur.
149. Fuir vos sentiments ou ceux d'autrui.

Cette liste n'est évidemment pas exhaustive, le nombre de comportements d'AS étant malheureusement presque infini.

Adopter ponctuellement un de ces comportements ne suffit pas à faire de vous une victime d'AS. Par contre, si vous vous retrouvez régulièrement dans l'un d'eux, alors il est probable que vous soyez sujet à l'AS.

Tout le monde fait certaines de ces choses de temps en temps. Mais heureusement, même une personne subissant l'AS ne les fait pas toutes. Elle se retrouve par contre régulièrement bloquée dans un ou plusieurs de ces comportements.

▸ **Les questions à se poser pour avancer :**

Quels comportements de ceux cités plus haut ont « résonné » en vous ?

Si un proche ou un inconnu faisait la même chose avec vous, seriez-vous fâché contre cette personne ?

## Les conséquences de l'auto-sabotage

L'AS a des conséquences plus ou moins néfastes sur la personne qui en est victime. Il vous fait dériver vers :

**1. La dévalorisation**

Les personnes touchées par l'AS ont en effet très souvent une image peu reluisante et négative d'elles-mêmes. Il est fréquent qu'elles se croient inférieures aux autres. Elles ne sont que peu conscientes de la nature réelle de leurs difficultés et s'identifient donc totalement avec leurs échecs.

Ces personnes ont tendance à se dévaloriser lorsqu'elles n'arrivent pas à atteindre leurs objectifs. Les échecs à répétition les empêchent de voir qu'elles ont tout de même des qualités et une valeur. Elles ne sont que très rarement fières de ce qu'elles sont ou de ce qu'elles font.

Cette dévalorisation n'affecte parfois qu'un domaine spécifique. Celui dans lequel l'AS se déploie. Les « voix » tournant dans vos têtes et qui vous critiquent et vous rabaissent systématiquement, aggravent la dévalorisation.

*L'exemple de Marta est symptomatique de ce phénomène. Cette cliente atteinte d'une maladie dégénérative m'a raconté lors d'une séance qu'une « voix » s'imposait parfois dans sa tête. Sur un ton menaçant, elle lui assénait en boucle des messages comme : « Tu n'es qu'une petite merde », « Ton cas est désespéré », « Il vaudrait mieux que tu meures puisque tu ne fais rien de ta vie », ou encore « La seule chose que tu aies réussie en définitive, c'est cette maladie qui te tue à petit feu ».*

*Les personnes frappées par ce phénomène s'identifient avec ces messages. Pourtant, ils sont le fait de leurs auto-saboteurs intérieurs. Une fois que vous travaillerez avec vos mécanismes d'AS, ils s'évanouiront peu à peu. C'est exactement ce qui est arrivé à Marta. Au cours de sa thérapie, ses voix ont changé peu à peu de discours et se sont de moins en moins manifestées jusqu'à disparaître complètement.*

Les personnes souffrant d'AS ont du mal à faire la part des choses. Elles redoutent en général le changement et développent une fausse identité de « Peur » qui les empêche davantage encore de s'en sortir.

- **Les questions à se poser pour avancer :**
  Avez-vous tendance à vous dévaloriser ? Si oui, des voix dans votre tête vous poussent-elles dans cette direction ? Si c'est le cas, couchez sur le papier les messages destructeurs qu'elles vous délivrent et analysez-les.

### 2. Le déni de soi

La dévalorisation de ce que vous êtes profondément mène au déni de Soi. Vous perdez alors de vue que vous n'êtes ni vos comportements, ni vos difficultés ni même vos pensées. Mais vous êtes un être plein de potentialités comme le bébé que vous étiez à votre arrivée dans ce monde. En croyant le discours de vos AS, vous les laissez vous définir, ce qui vous mène ainsi parfois jusqu'à nier votre part de beauté. Laquelle est pourtant évidente pour beaucoup de vos proches.

*Le cas d'Alice l'illustre bien. Cette artiste est née dans une famille de gens très rationnels. Sa sensibilité et sa réserve la rendaient assez différente de ses frères, lesquels sont extravertis et dotés d'une intelligence très concrète. Face à eux, depuis l'enfance, Alice qui n'était de son côté pas très douée pour les choses pratiques se sentait donc bête et petit à petit, elle était devenue convaincue de l'être vraiment. Au fil de nos séances, Alice m'est en revanche apparue profonde, intuitive, forte d'une grande richesse intérieure et capable d'une belle introspection. Pour moi, c'était un grand plaisir de travailler avec elle car elle se connectait facilement à ses émotions et explorait son inconscient avec tout son être.*

*Quand je soulignais ces qualités, elle avait du mal à recevoir mes paroles car elle était habituée à se dévaloriser et à minimiser tout le bon qui était en elle. C'était comme si tout cela était au fond bien moins important qu'avoir le type d'intelligence qu'elle percevait chez ses frères.*

### 3. La construction d'une fausse identité

De la même façon que de la dévalorisation vous passez au déni, vous vous façonnez ensuite une fausse identité construite sur l'image douteuse et approximative que vous avez de vous-même à la suite de vos expériences difficiles. La fausse identité, c'est qui vous croyez être.

*Pierre s'était par exemple forgé une fausse identité et l'a reconnu d'emblée dès notre première séance. Cet homme avait grandi sous l'égide de parents dysfonctionnels. Sa mère abusait de lui sexuellement et son père était complètement absent. « Je me disais depuis tout petit, que tout ça était de ma faute. Notamment le fait que ma mère abuse de moi. Je n'arrivais pas à savoir pourquoi mais j'étais convaincu que j'étais responsable de la situation. Consciemment je me répétais que si ma mère me traitait comme un objet, c'était parce que je ne valais rien. » Résultat : Pierre était incapable de voir le bon en lui ou de se valoriser. Il m'a expliqué avoir du coup endossé une identité d'abusé qui qui l'amenait à se faire souvent avoir par des proches auxquels il avait pourtant fait confiance. En conséquence, il se sentait nul et tombait souvent malade.*

**4. L'Auto Punition**

Comme expliqué précédemment, les personnes pratiquant l'auto-sabotage ont une image déformée d'elles-mêmes. S'ensuivent la dévalorisation puis le déni de soi et la création d'une fausse identité soutenue par des croyances limitantes du style : « Je suis nul » ou « Je ne mérite pas le bonheur ». La personne est alors persuadée qu'il y a quelque chose en elle qui ne va pas bien.

Quand ces mécanismes sont bien en place, ils génèrent chez la personne concernée des réflexes inconscients, ou pas, d'auto punition qu'elle estime justifiée. Dans des cas graves, elle peut se punir par des accidents, en générant dans son corps des maladies ou en se coupant de quelque chose ou de quelqu'un qu'elle aime.

*Le cas de Juan est assez parlant de ces démarches d'auto punition. Juan est un bel homme de 48 ans. Il dit aimer les femmes tout en étant agacé par elles et se défi-*

*nit comme « un peu macho ». Pour une raison qui lui échappe, il finit systématiquement par faire souffrir ses partenaires. « Une force et une colère s'emparent de moi et je deviens un vrai connard et dévalorise ma compagne, explique-t-il. Puis je la mets à distance ou je fais le mort. » Quand le calme revient, Juan essaie de revenir vers elle mais à ce moment-là, il n'arrive plus à avoir d'érections et se dit qu'il a ce qu'il mérite. Parfois, il a peur de ne plus être excité devant sa partenaire et ne la revoit donc plus même si elle lui plaisait beaucoup. Pour lui, c'est à chaque fois un déchirement.*

**5. Le manque de confiance en soi et en la vie**

Avec l'accumulation d'expériences négatives successives, la personne victime d'AS va perdre confiance petit à petit. Elle va se couper de ses ressources et la confiance en elle et en la Vie qui est innée chez tout être humain va alors s'évaporer. Bien que ses ressources soient intactes au fond d'elle, elle va s'enfermer dans la croyance fallacieuse que ses échecs ne peuvent que se répéter. Dans certains cas graves, cette perte de confiance va de pair avec une perte d'espoir et peut mener à la dépression ou à l'anéantissement.

*L'exemple de Lina illustre bien les écueils de ce manque de confiance. Cette femme de 38 ans avait toujours travaillé dans la mode avec des grands couturiers. Elle était talentueuse et reconnue dans son milieu. Quelques années auparavant, elle s'était mise à son compte en s'essayant à la mode ethnique mais son entreprise avait fait faillite au bout de deux ans. Elle avait ensuite ouvert une petite société de ventes de bijoux qu'elle confectionnait elle-même. Mais cette seconde expérience s'était également clôturée par une faillite. Tout comme une troisième d'importation d'Inde de vêtements Bio qui avait suivi. « Tout ce que j'entreprends est voué à l'échec, j'ai l'impression que ce que je fais n'intéresse personne », m'avait confié Lina lors d'un premier rendez-vous. En creusant, j'ai découvert que ses produits étaient très demandés mais que ses entreprises avaient toutes dû fermer à cause de problèmes de gestion. Ce domaine n'était en effet pas le point fort de Lina. Pourtant, lorsqu'elle revenait sur ces échecs, Lina mettait en cause son talent. Or celui-ci n'était pas en question. Quelques connaissances de gestion ou l'assistance d'une personne compétente en la matière auraient suffi à résoudre le problème mais Lina ne s'en était jamais rendu compte trop occupée qu'elle était à saper sa confiance.*

### 6. Les échecs à répétitions

L'AS enferme dans un cercle vicieux où un échec en appelle un autre.

*Le cas de Lina, évoqué dans le paragraphe précédant l'illustre également. Lina avait énormément de talent. Ses créations étaient époustouflantes mais elle était un peu coupée de certaines réalités pratiques. Elle faisait du coup pas mal de dépenses inutiles dans le cadre de ses projets. Lesquels auraient très probablement été viables sans cela. En l'écoutant, il apparaissait qu'elle en était dans une bonne mesure très consciente mais en même temps cela ne l'a pourtant pas empêchée de faire trois fois les mêmes erreurs et d'ainsi mener trois excellents projets à l'échec.*

# PARTIE II

# LES SOURCES

# COMMENT NAISSENT LES AUTO-SABOTAGES ?

## 1. Les blessures de l'enfance

Les blessures émotionnelles tout comme les systèmes d'auto-sabotage apparaissent dès la naissance. Parfois même lors des périodes prénatales.

L'auto-sabotage que vous pratiquez aujourd'hui est intimement lié à des circonstances difficiles, douloureuses ou même parfois banales que vous avez vécues en tant qu'enfant. En général avec vos parents ou avec la personne qui s'occupait de vous.

Un enfant non désiré va par exemple développer une blessure de rejet. Il aura du mal à trouver sa place et à s'épanouir socialement. Travailler en équipe lui sera notamment difficile.

Si vous avez tendance à chercher l'isolement, que vous avez des problèmes de travail parce que vous supportez mal l'ordre établi ou le travail de groupe, cela vient peut-être de très loin même si vous êtes loin de vous en douter.

Autre exemple, les personnes qui ne se sentent bien dans aucun travail et qui par conséquent en changent souvent. Là encore, c'est bien souvent à cause d'expériences difficiles vécues durant l'enfance.

Il existe cinq grandes blessures fondamentales : le rejet, l'abandon, l'humiliation, la trahison et l'injustice. Et à chacune sont associés des mécanismes d'auto-sabotage.

Mon expérience m'a montré que très fréquemment, les AS trouvent leur source dans ces blessures d'enfance. Vu le rôle central de ces blessures, les étudier plus en détail est nécessaire.

## Que sont les blessures émotionnelles ?

Ce sont de petits ou grands traumatismes, des expériences difficiles, douloureuses et parfois banales que vous avez vécus entre votre conception et l'âge de 6 ans environ. Ce sont en général vos parents qui les ont générées mais eux-mêmes avaient très souvent été blessés par leurs propres parents. Cette chaîne de souffrance blesse une génération après l'autre depuis les origines de l'humanité.

Mon point de vue est que nous avons choisi nos parents avant de nous incarner, cela parce qu'ils vont nous faire vivre des expériences difficiles propres à réactiver ces blessures, ce qui est la première étape pour les dépasser.

Si par exemple dans vos différentes vies, vous avez une blessure d'abandon, vous choisirez des parents ou une famille négligente qui ne vous donnera pas toute l'affection et l'attention dont vous avez besoin pour vous construire. Ce faisant, vous vous trouverez dans les conditions idéales pour que cette blessure d'abandon se réveille en vous jusqu'à ce qu'un jour, fatigué de souffrir, vous vous en libériez.

L'AS est en quelque sorte le bras armé des blessures. Selon le type de blessures dont vous souffrez, vous développerez des AS différents.

Étudions maintenant les différentes blessures qui existent. Pour cela, il peut être utile de noter noir sur blanc les différentes caractéristiques des blessures qui résonnent en vous. Plus vous cernerez vos systèmes et plus ceux-ci perdront de leur puissance.

Les AS sont les plus pernicieux lorsqu'ils tournent tout seuls dans votre inconscient et que vous vous confondez avec eux. Or rappelez-vous que vous n'êtes pas vos AS même s'ils voudraient vous le faire croire.

Les blessures d'enfance représentent un sujet si vaste qu'un tome entier serait nécessaire pour parler d'une seule d'entre elle. Je me contenterai donc de vous donner ici les principales caractéristiques de chacune.

### 1.1 La Blessure de Rejet

La première blessure est celle du rejet. Elle survient entre le moment de la conception et la naissance. Elle touche des âmes qui considèrent à tort ou à raison qu'on ne les a pas réellement désirées. Parmi les cas courants, on trouve les bébés non voulus, ceux issus d'avortements manqués ou dont les mères étaient malades pendant leur grossesse.

Le « rejeté » va s'accrocher à cette fausse croyance : « Je ne mérite pas la vie ». On imagine aisément quelle sorte d'existence se construira une personne ayant cette conviction.

La morphologie du corps trahit la blessure dont son « propriétaire » souffre. C'est d'ailleurs là une manière efficace d'identifier une blessure donnée.

Dans ma compréhension des choses, un être humain n'est pas constitué que de son corps physique. Il est aussi pourvu d'un corps éthérique, d'un corps mental, d'un corps émotionnel etc. Quantité d'ouvrages dissèquent cette théorie qui pour moi est un état de fait. Les corps plus subtils créent les corps plus denses.

Ainsi, le corps émotionnel crée en bonne partie le corps physique. Celui du rejeté sera très mince car étant donné qu'il est convaincu de ne pas avoir droit à la vie, il fait inconsciemment tout pour ne pas prendre de la place.

Le rejeté-type est donc très mince jusqu'à n'avoir parfois que la peau sur les os. L'ensemble du corps peut trahir la blessure de rejet ou seulement une partie. Par exemple, une femme « rejetée » pourrait avoir des fesses inexistantes, une poitrine plate, ou un visage osseux. De mon côté, ma blessure de rejet se manifeste au niveau de mes poignets et de mes chevilles, lesquels sont anormalement maigres comparés au reste de mon corps. À une certaine époque de ma vie, j'ai d'ailleurs souffert de boulimie et d'anorexie. Or ces deux maladies sont symptomatiques de la blessure de rejet.

La blessure est la partie la plus fragile d'un être humain. Aussi pour ne pas en souffrir en permanence, nous allons nous créer un masque, une personnalité ou une stratégie censée nous en protéger. Cela ne marche malheureusement jamais et aggrave même parfois la situation.

Le rejeté a pour stratégie la fuite. C'est pour cela qu'on le désigne souvent sous le nom du « Fuyant ». Il n'affronte pas les problèmes, les évite ou carrément les fuit. Ce faisant, il fuit également sans toujours s'en apercevoir des choses ou des gens qui pourraient lui être bénéfiques. Le rejeté a du mal à faire des compromis surtout en matière de relation interpersonnelle. Tout le paradoxe des différentes blessures est que les blessés s'attirent toujours ce qu'ils voudraient à tout prix éviter. Vous connaissez par exemple probablement ces jeunes que l'on labellise comme étant « les gothiques ». La majorité d'entre eux ont des blessures visibles de rejet. Ils s'habillent de façon pseudo provocante pour se différencier du monde qui, croient-ils, les rejette. Cela a pour effet que ce monde les rejette effectivement dans un délétère effet miroir.

Le rejeté a beaucoup de peurs en lui. Comme il évolue dans un monde qu'il connaît mal et lui fait peur, il est souvent tenté de fuir, poussé par une peur pouvant aller jusqu'à la panique.

Il existe différentes manières de fuir. Avec les drogues, l'alcool ou même les jeux vidéo qui sont une manière très efficace d'être là sans y être vraiment et de s'évader. Même la méditation dans certains cas peut être une fuite. Vous aurez d'ailleurs peut-être remarqué certains des férus de méditation sont des personnes extrêmement minces. Elles semblent comme non véritablement incarnées.

Les auto-sabotages liés à chaque blessure sont innombrables. En voici quelques-uns ayant trait à la blessure de rejet.

Guillaume a peur de la confrontation. Il a des difficultés avec sa femme, qui le juge pas suffisamment engagé et présent dans leur relation. Lorsque celle-ci veut en discuter avec lui, Guillaume se sent dépassé et sort quasiment en courant de l'appartement rendant ainsi toute discussion impossible.

Rudolf est un homme de 53 ans aimant les femmes mais menant une vie très solitaire, sortant peu et passant de longs mois sans avoir de relations amoureuses ou amicales. Pourtant il aimerait en avoir, mais lorsqu'enfin il trouve une femme, il perd tout intérêt pour elle dès qu'elle tombe amoureuse de lui.

Mathias, 48 ans, a souffert depuis l'enfance des moqueries des autres, car il a toujours été différent dans sa manière de penser, de s'habiller, de manger et même de vivre tout simplement. Les rares fois où il se fait inviter, Mathias déboule attifé de vêtements vieux et sales. Il ne mange rien de ce qui est proposé et lorsqu'il s'y met enfin, c'est pour le faire bruyamment !

La plus grande peur d'Anne-Louise est d'être rejetée par les hommes. Pourtant, c'est une femme attirante, ne manquant pas de prétendants. Mais en même temps, une subtile agressivité l'habite et se manifeste très régulièrement verbalement. Résultat : tous les hommes avec lesquels elle sort finissent par la fuir.

Laure, 40 ans, dit avoir le pouvoir de « se rendre invisible ». À savoir qu'elle s'habille toujours avec des couleurs tristes, ne se maquille jamais ou parle tout bas. Où qu'elle se rende, elle cherche systématiquement l'endroit le plus à l'abri du regard des autres. En groupe, elle ne prend jamais la parole.

### 1.2 La blessure d'abandon

Elle est générée entre la naissance et l'âge de trois ans. Elle frappe des enfants considérant à tort ou à raison n'avoir pas reçu tout l'amour, l'affection et l'attention dont ils avaient besoin pour leur développement. Notons que les blessures d'enfance sont quelque chose de très subjectif. Bien des parents dispensent à leurs enfants toute leur affection, et pourtant ces derniers considèrent au final en avoir manqué.

Les enfants voyant subitement arriver un petit frère ou une petite sœur peuvent être touchés par une blessure d'abandon. Tout comme les enfants ayant été séparés de leur mère dans les 24 premières heures suivant la naissance comme cela arrive très régulièrement dans les maternités à l'heure actuelle. J'ai été confrontée à plusieurs cas de personnes qui ne comprenaient pas pourquoi elles souffraient d'une telle blessure ayant toujours eu des parents aimants. Certaines d'entre elles ont finalement compris en thérapie que tout cela remontait aux premières heures de leur existence.

De même, une maladie de la mère peut provoquer chez son enfant une blessure d'abandon.

Le masque des abandonnés est celui de la dépendance. Pour ne pas être abandonné à nouveau, il va s'accrocher aux personnes pour qu'elles ne le laissent pas. Cela a évidemment l'effet inverse et ces personnes le fuient. C'est là l'occasion de préciser qu'il existe des combinaisons de blessures se mariant à merveille pour le pire. Le rejeté et l'abandonné par exemple se « trouvent » bien. L'abandonné tente d'attraper le rejeté et n'y arrive pas car celui-là le fuit. Cette mécanique à double sens les conforte dans leur croyance erronée.

La fausse croyance développée par les abandonnés est : « J'ai besoin des autres pour vivre. Seul, je n'arriverai à rien ». Résultat, ils vont dépendre de l'amour, de la tendresse, mais aussi de la validation d'autrui et n'existent que dans les yeux des autres.

Lorsque ces personnes sont dans des relations qui fonctionnent, elles se sentent bien. Dans le cas inverse, c'est l'enfer.

L'ensemble du corps de l'abandonné ou seulement des parties de son corps est flasque. Chez une femme abandonnée, il est fréquent que les seins ou les fesses tombent. Chez un homme abandonné, cela peut être les testicules. Ces personnes peuvent faire beaucoup d'exercice mais tout ce qu'elles ne peuvent pas muscler, tombera comme les joues.

## Exemples d'AS liés à l'abandon

Rose, 42 ans, en est à son deuxième mariage. Comme dans le premier, elle dépend complètement de son mari. Bien qu'elle ait mené à terme des études, elle ne travaille pas, elle ne conduit pas non plus, ce qui fait que pour chaque déplacement un peu long elle doit se faire véhiculer par son mari.

Martha est une jolie femme de 30 ans. Quand elle aime ou croit aimer, c'est avec excès. Dès qu'elle rencontre un homme, elle le harcèle, lui téléphone plusieurs fois par jour et lui fait des cadeaux, ce qui n'a malheureusement pas toujours l'effet escompté.

À 25 ans, Alice vit toujours avec sa famille. Le lien qu'elle entretient avec les autres est fondamental pour elle. La jeune femme souffre d'une maladie respiratoire, ce qui fait que sa mère s'inquiète beaucoup pour elle. Bizarrement, elle a souvent des accidents. Elle s'est par exemple fait voler dans le métro à deux reprises en seulement 6 mois, ce qui a pour effet d'attirer la pitié de son entourage.

Louis est un homme de 38 ans très câlin et doux. Tous ses amis l'adorent. Lui déteste être seul. Lorsque cela lui arrive, il se sent « perdu ». Il est extrêmement demandeur. Ainsi, lorsqu'il veut quelque chose de la part d'un de ses amis, il se montre si subtilement insistant qu'il finit presque toujours par l'obtenir.

Mateo est un beau séducteur de 38 ans. Il a quelque chose d'enfantin qui fait craquer les femmes et en profite pour enchaîner les conquêtes. Il ressent le besoin de toujours se sentir amoureux et accompagné. Aussi ne quitte-t-il jamais une femme avant d'avoir trouvé celle qui lui succédera.

Corinne, 45 ans, habite avec un homme. Leur relation est fusionnelle mais lui voyage beaucoup pour son travail. Lors de ses absences, Corinne se sent déboussolée. Pour oublier, elle fait du shopping ou engloutit des tablettes de chocolat. Elle a l'impression de vivre pleinement uniquement quand son chéri est à ses côtés.

## 1.3 La blessure d'humiliation

Elle apparaît entre l'âge de six mois et trois ans. C'est-à-dire lorsque les fonctions de l'enfant pour l'amener à plus d'autonomie apparaissent. Il commence à vouloir manger seul, à marcher et à contrôler ses sphincters. En fait, il prend conscience de ne pas faire qu'un avec sa mère avec qui il était jusque-là en fusion.

La blessure commence lorsque dans ce parcours vers l'autonomie, l'enfant, son corps ou une de ses fonctions n'ont pas été respectés. Par exemple, l'enfant commence à vouloir contrôler ses sphincters mais il fait dans son pantalon et on le réprimande à cause de cela. Cela m'évoque le cas d'une mère de ma famille qui racontait toujours fièrement que son fils contrôlait ses sphincters à seulement 6 mois. Elle l'y avait contraint en l'habituant à faire ses besoins uniquement une fois sur son pot. Au final, cette personne est la seule de notre famille à souffrir d'une blessure d'humiliation, son rythme naturel d'enfant n'ayant pas été respecté.

Les abus sexuels génèrent également cette blessure tout comme le fait de forcer un enfant à manger. Une fois adulte, les personnes avec qui on a agi ainsi font des régimes à répétition sans succès car leur corps est immanquablement gros ou a tendance à grossir. Cette volumineuse masse qu'il crée a vocation à les protéger des autres et de leur irrespect.

En tant qu'enfant, nous avons souffert d'une première blessure. Si elle ne se guérit pas, nous allons nous créer dès que possible les mêmes circonstances jusqu'à ce qu'un jour, fatigués de souffrir, nous décidions de nous libérer. Cela est d'ailleurs tout à fait possible car même la pire des blessures est réversible si l'on s'y prend bien. Surtout aujourd'hui avec les techniques très puissantes dont nous disposons et qui permetteent d'obtenir en une seule séance ce qui prenait très longtemps avant.

La blessure d'humiliation est cependant l'une des plus difficiles à guérir, car l'émotion qui y est associée est la honte.

Un jour, j'ai travaillé avec un groupe d'adolescents. Parmi eux se trouvait une jeune fille présentant une blessure d'humiliation rendue apparente notamment par un surpoids. Elle semblait être la seule à ne pas le comprendre. Lorsqu'elle m'a interrogée à son sujet, je le lui ai dit. Elle l'a très mal pris et sa honte est devenue si forte qu'elle s'est mise à rougir au point de presque prendre la fuite. Après cet incident, j'ai eu beaucoup de mal à rétablir la confiance avec elle.

Les « humiliés » présentent souvent un comportement extrême à la nourriture, au sexe ou dans leurs relations avec les autres. Ils ont également tendance à se sacrifier pour autrui. Lorsque dans une famille il y a un humilié, c'est lui qui va rester avec ses parents vieillissants ou malades. Le tout au point de parfois mettre sa vie de côté pour eux.

Les humiliés font tout pour faire plaisir à leurs amis car ils espèrent que ces derniers leur redonneront leur dignité perdue. Leur stratégie est différente de celle de l'abandonné qui cherche à être validé. L'humilié, lui, cherche à être accepté tel qu'il est.

### Exemples d'AS liés à la blessure d'humiliation

Sophia, 68 ans, a quitté son travail et ses amis, pour s'occuper de sa mère malade. Et cela fait 5 ans que ça dure !

Jules est un ami hors pair. Il fait tout pour faire plaisir à ses copains. À tel point que souvent il n'a pas le temps de s'occuper de ses propres affaires.

Katherine est en surpoids. Devant les autres, elle mange très peu mais quand elle est seule chez elle, il lui arrive de dévorer tout ce qu'il y a dans son frigo. Elle s'astreint à quantité de régimes mais finit toujours par craquer.

Estelle est mariée avec un homme attiré par des pratiques sexuelles extrêmes. Cela ne lui convient pas mais pour lui elle accepte de s'y adonner.

Loïc souffre de surpoids mais s'étonne de n'acheter que des vêtements trop serrés ne le mettant absolument pas en valeur.

## 1.4 La blessure de trahison

Elle apparaît vers l'âge de trois ans, avec l'apparition de ce qu'on appelle « le complexe d'œdipe », ce moment où l'enfant est comme amoureux du parent de sexe opposé. Ce qui arrive, c'est que l'enfant avait beaucoup de confiance en ses parents et il se sent trahi dans celle-ci à la naissance d'un petit frère, lors d'abus sexuels ou d'actes de violence. Une promesse, non tenue, peut aussi générer ce type de blessure.

Qu'il soit petit ou grand, le corps du trahi ou une partie de son corps est fort. Le trahi n'est en général pas gros. Une femme trahie peut par exemple avoir des fesses ou des hanches larges ou une grosse poitrine. Les hommes trahis peuvent arborer des épaules ou un torse proéminent. Dans le corps du trahi se ressent une présence forte. Les trahis ont d'ailleurs de l'influence sur les autres. Ils parlent bien, sont convaincants et charismatiques. Ce sont de bons chefs mais de mauvais employés.

L'émotion dominante chez eux est la colère. Leur « masque » ou personnalité est le contrôlant. Pour que les autres ne le trahissent pas, ils vont vouloir les contrôler. Mais cela ne fonctionne évidemment pas et ils ressentent de la frustration et de la colère.

## Exemples d'AS liés à la blessure de Trahison

Éric est un thérapeute et conférencier reconnu. Il est brillant mais ne peut s'empêcher de le montrer à toute occasion. Dans un dîner, il pourra ainsi prendre la parole comme s'il donnait une conférence, monopolisant complètement la conversation.

Léo, 16 ans, est l'aîné de sa famille. Il adore sa sœur et son frère mais est constamment en train de s'occuper de leurs affaires ce qui génère de grandes et récurrentes disputes.

Jean-Luc, 55 ans, aime avoir toujours raison. Être contredit le met en colère. Il lui arrive de passer des heures à discuter jusqu'à faire passer ses idées.

Martin est un chef d'entreprise qui a huit employés sous ses ordres. Il se sent responsable du bien-être de chacun d'eux et se montre prévenant en leur compagnie. En retour, il en attend beaucoup également. Lorsqu'un employé ne fait pas ce qu'il attend, Martin est déçu et lui retire sa confiance.

José a deux enfants adolescents qu'il adore. Il s'inquiète aussi beaucoup pour eux et suit de près leur scolarité, leur dispensant quantité de conseils en tous domaines. Il n'hésite jamais à les interroger sur leur vie et les escorte partout rendant la relation étouffante.

## 1.5 La blessure d'injustice

Elle se crée entre les âges de 4 et 6 ans et touche des enfants qui considèrent à tort ou à raison qu'on ne les a pas laissés être eux-mêmes.

À la naissance d'un petit frère, on leur a par exemple demandé de faire moins de bruit, de prendre moins de place qu'auparavant, d'être des exemples pour le nouvel arrivé ou de prendre trop de responsabilités. En résumé, trop peu de place a été laissée à leur individualité pour s'exprimer.

Cette blessure peut également être le fait de parents contrôlant qui font du chantage ou qui menacent leurs enfants. On en croise parfois dans les parcs de jeux. Leur enfant est en train de s'amuser puis soudain demande quelque chose ou se met à pleurer et ils lui répondent quelque chose du style : « Si tu n'arrêtes pas de pleurer, on s'en va ! » Adultes, ces enfants auront des problèmes avec le plaisir, lequel est au cœur de leur blessure.

Le corps de ces blessés est le plus parfait de tous. Les femmes auront ainsi des fesses ou des seins bombés. Leur corps aura tendance à être athlétique même si elles ne font pas beaucoup d'exercices. Ces personnes se tiennent bien droites. Leur corps semble avoir comme une certaine tension intérieure. Les militaires et les culturistes sont deux profils souffrant fréquemment de ce type de blessures.

La fausse croyance de ces blessés est : « Je dois être parfait pour que les autres m'aiment et m'acceptent ». Parce qu'ils ne s'acceptent pas eux-mêmes, ils doivent faire beaucoup de choses pour montrer que les accepter et les aimer vaut le coup.

Leur masque est celui de la rigidité. Ces personnes sont très froides et coupées de leurs émotions. Pourtant à l'intérieur, elles ressentent le besoin que les autres soient chaleureux avec elles. Le problème est que leur froideur empêche que de véritables connexions s'établissent.

Ces personnes sont très difficiles à vivre car lorsqu'elles ont pris une décision, elles la font primer sur toute chose y compris sur elles-mêmes.

Elles ont aussi beaucoup de mal à s'accorder du plaisir parce qu'elles pensent devoir être parfaites avant de pouvoir le faire.

Ce sont également des personnes ayant soif de justice mais se montrant paradoxalement plutôt injustes avec autrui.

## Exemples d'AS liés à la blessure d'injustice

Matthias travaille sans relâche sur un projet depuis une année. Lorsque l'été arrive, sa femme lui demande de prendre des vacances. Il n'en a aucune envie car il veut avancer vers son objectif, mais il se sent forcé d'accepter pour être un bon mari. Le premier jour de vacances arrive et il tombe malade. Exactement comme l'été précédent !

Jim vit seul depuis toujours. Il ne supporte pas le manque de ponctualité. Quand il a un rendez-vous avec un ami, si celui-ci n'est pas à l'heure, il attend cinq minutes puis repart. Il ne supporte pas non plus que les gens arrivent en avance. Ainsi quand son ami arrive, dix minutes avant l'heure, cela le met de mauvaise humeur. Une fois d'ailleurs un ami très cher s'était présenté à l'improviste chez lui, et il ne lui a pas ouvert la porte !

Bernard est un perfectionniste qui a du mal à passer à l'action. Il attend en effet que tout soit parfait pour le faire et cela n'arrive évidemment jamais !

Oscar est engagé de longue date dans un chemin de développement personnel. Il a lu énormément à ce sujet et a participé à quantité de stages. Pourtant il se sent coincé dans sa vie depuis longtemps car malgré cela, il est incapable de chercher une thérapeute, déjà parce qu'il a peur de se dévoiler devant elle, et ensuite parce qu'il ne sait pas comment la trouver.

Marie est maniaque de l'ordre et de la propreté. Un même ami l'a déjà invité quatre fois au cinéma. Mais vu que cela tombait à chaque fois le soir de la semaine qu'elle s'était fixé pour se laver les cheveux, elle a toujours refusé !

## 2. Le manque d'attachement durant l'enfance

Une bonne partie de mes clients sujets à l'AS ont souffert de liens affectifs non-sécurisants avec leurs parents ou avec leurs figures parentales. Une éducation saine doit aider l'enfant à trouver un équilibre entre le contact (intimité) et l'exploration (autonomie). Lorsque les parents ne tissent pas un lien sécurisant avec leur enfant, celui-ci est obligé de choisir entre l'intimité et l'autonomie, ce qui plus tard créera des personnalités qui vont essayer de s'éloigner de leurs parents, en vivant dans un autre pays notamment, ou de rester avec leurs parents. L'adulte que ces personnes seront devenues se sentira tiraillé par des émotions, telles que colère, haine, dépendance, ce qui rendra très difficile sa relation aux autres, surtout dans le couple.

Marie a eu une mère dépressive et souvent malade, avec un père colérique qu'elle craignait. « Petite, j'avais des cauchemars où je me trouvais seule dans la rue, parfois nue. J'ai toujours eu un sentiment de dé-protection. Je ne supporte pas ma mère, et elle est la personne la plus défaitiste que je n'aie jamais connue, elle est terriblement égoïste et ne se soucie que d'elle. J'ai l'impression de m'être élevée toute seule, je cherche partout cette protection qui m'a manqué, et je n'arrête pas de me prendre des baffes avec les personnes auprès de qui je cherche cette protection. »

## 3. Le système scolaire

Le système scolaire peut aussi laisser des traces profondes en vous

Plusieurs éléments du système d'éducation actuel ont pu affecter certains d'entre vous. J'ai déjà eu plusieurs cas dans mes consultations de personnes ayant une faible estime d'elles-mêmes et qui par conséquent traînaient de gros auto-sabotages, et en séance, elles ont découvert leur origine dans l'école.

Les enfants apprennent à se donner de la valeur à travers leurs résultats scolaires. « Si j'ai des bonnes notes, je suis valorisé et apprécié. Si j'ai des mauvaises, je suis grondé, critiqué, puni et marginalisé », se disent-ils. Résultat : leur valeur se base soit sur la punition soit sur la récompense mais pas sur leur valeur intrinsèque qui est pourtant la seule qui vaille vraiment.

Il existe pourtant des systèmes scolaires basés sur d'autres critères que les notes. C'est le cas en Finlande qui est considéré par l'ONU comme le meilleur système scolaire au monde.

Là-bas, les enfants n'ont que deux examens lorsqu'ils arrivent à l'âge de 18 ans et qu'ils sont prêts à quitter l'école.

J'ai accompagné une femme que je prénommerai Alexandra. Elle souffrait d'un énorme manque de confiance en elle qui la handicapait dans son travail. Lorsque son chef lui posait une question lors d'une réunion de groupe, elle perdait systématiquement tous ses moyens et ne parvenait pas à y répondre même si elle connaissait la réponse.

Au fil des séances, Alexandra a réalisé que cet état de fait remontait à un jour où en maternelle, sa maîtresse l'avait grondée parce qu'elle ne connaissait pas les lettres.

Du coup, elle a énormément souffert lors de ses années de scolarité. Notamment aussi par le fait que ses attitudes artistiques et sa grande sensibilité n'y étaient pas prises en compte.

En France aussi, il existe diverses possibilités alternatives à l'éducation nationale. Les enfants y sont respectés dans leur individualité, dans leurs besoins et peuvent y faire des choix. On citera notamment les écoles Montessori ou Wardolf dans lesquelles l'accent est mis sur le développement de l'énorme potentiel de chaque enfant et non sur ses limitations ou ses manques.

Quoi qu'il en soit, appréciez vos enfants pour ce qu'ils sont et non pas pour leur résultat scolaire.

Développez le potentiel que vous sentez chez votre enfant. S'il aime la musique par exemple, inscrivez-le à un cours pour qu'il joue d'un instrument ; il se sentira à l'aise dans une activité où il s'épanouira et où il renforcera de cette façon sa confiance en lui.

## 4. Les messages négatifs ou dévalorisants

L'auto-sabotage résulte aussi parfois de messages négatifs ou dévalorisants, entendus de manière répétée, durant l'enfance et l'adolescence.

Il existe malheureusement des phrases susceptibles de réduire ou même de détruire votre confiance en vous, chez les autres, et votre vision de vous-même et du monde.

En voici quelques-unes :

– « Tu en es incapable »
– « Quel cochon(e) ! »
– « Tu vas mal finir »
– « Tu ne sers jamais à rien »
– « Tu es sale, abruti, idiot, égoïste, malpoli, capricieux… »
– « On ne peut pas faire confiance aux hommes »
– « La seule chose qui intéresse les femmes c'est l'argent »

### Pourquoi dire à un enfant ce genre de phrases est-il négatif ?

Parce que cela peut générer en lui des ancrages. Un ancrage est un réflexe conditionné qui associe un état émotionnel à un stimulus unique.

Lorsque vous dites à un enfant qu'il ne sert à rien, cela lui cause des émotions telles que la tristesse, la peur ou la colère. L'ancrage est plus fort s'il s'accompagne d'une sensation physique comme c'est par exemple le cas lors d'une fessée.

Et comme généralement ces messages sont répétés, ils vont rentrer dans le cerveau des enfants et s'y imposer comme des croyances.

Ce phénomène a été démontré par Ivan Pavlov et son fameux chien du même nom :

Lorsque Pavlov présentait de la nourriture à ce chien, celui-ci salivait. Ce phénomène relève en effet du réflexe inconscient chez les mammifères. La salivation est une réponse inconditionnelle qui a été entraînée par la présence de nourriture qui est un stimulus inconditionnel. Pavlov eut ensuite l'idée d'associer un son de cloche (stimulus neutre) au stimulus inconditionnel, la nourriture.

Au bout de plusieurs jours, le chien fut conditionné et le simple son de la cloche parvenait à le faire saliver.

Cette technique est redoutablement puissante. Il existe différentes autres sortes d'ancres. Les voici :

– Les ancres kinesthésiques qui sont celles associées à un geste.

– Les ancres visuelles : associées à une image.

– Les ancres auditives qui sont celles associées à un son.

– Les ancres spatiales qui sont celles associées à un lieu donné.

La technique des ancrages est très efficace. Elle est utilisée avec succès en thérapie notamment pour soigner les phobies, dans le domaine du sport de haut niveau pour conditionner les sportifs à un état de bien-être, dans l'armée, notamment dans les situations de combat où il n'y a pas de place pour le stress.

Utilisée négativement (et souvent inconsciemment), elle peut aussi conditionner un enfant en lui imposant une vision réduite de lui, des autres ou du monde.

Marie, 29 ans, était venue me consulter car elle souffrait de sa grande timidité et ressentait des angoisses surtout le soir. Elle s'excusait à tout bout de champ, se dévalorisait sans arrêt et prononçait souvent des phrases du genre : « Je suis conne ! » Aussi son histoire ne m'a-t-elle pas étonnée. Marie avait un père alcoolique qui l'insultait, la frappait et lui assénait notamment régulièrement le fameux « Tu es trop conne ». Dans ce contexte, tous les éléments étaient donc réunis pour que des ancrages négatifs s'imposent chez Marie. Elle me racontait que cela lui arrivait surtout le soir car c'était à ce moment-là que son père se mettait à boire après le travail. À ce moment de la journée, Marie était alors dans un état d'hyper vigilance et l'origine de sa peur du noir se trouvait là.

Mais encore…

Les étiquettes, les surnoms, les injonctions, les autoritarismes, les punitions ou les abus vécus durant l'enfance, de la part de personnes de confiance et aimées, comme nos parents, grands-parents, frères et sœurs ou éducateurs conditionnent l'apparition de l'AS.

Nous développons de cette façon une série d'ordres, de règles, d'auto-censures, de jugements ou d'interdictions, et nous nous les imposons ensuite à nous-mêmes et aux autres. Ils nous font souffrir et nous éloignent de notre vraie nature qui est le bonheur, la joie et l'amour.

Les systèmes d'AS sont devenus notre moyen de défense, d'attaque dans les moments de crise ou de stress. Ils se logent dans notre système neurologique archaïque, lequel se trouve dans notre cerveau reptilien, où résident nos réactions instinctives telles que la fuite en cas d'attaque, le repli ou la lutte. Peut-être qu'à certains moments ces réactions sont nécessaires, mais elles ne le sont pas dans la plupart des situations de la vie courante.

Prenons l'exemple d'un enfant qui se sent envahi par sa mère : il va développer une conduite évasive qui lui permettra de la supporter. Il risque ensuite de faire l'association : Mère = Femme = Envahissement. Ainsi, chaque fois qu'il rentrera en relation avec une femme, son autosaboteur le poussera à fuir pour survivre.

## 5. La Critique

Un enfant qui est critiqué peut arriver à perdre confiance en lui, car des figures qui exercent une autorité morale, intellectuelle ou affective et avec lesquelles il se sent unis par des liens d'amour, lui disent que ce qu'il est ou ce qu'il fait n'est pas bien ou ne leur plaît pas.

Si la critique est répétée, l'enfant va se mettre à douter puis va se censurer, s'autocritiquer et avoir peur de prendre des initiatives. Il peut aussi perdre la capacité à prendre de bonnes décisions.

C'était le cas d'Éric, enfant unique d'une mère célibataire, seule et frustrée. Cette femme s'était retournée contre son fils. Elle critiquait sa manière de parler, ses goûts ou encore sa manière de s'habiller. Avec le temps, Éric a perdu la capacité de prendre de bonnes décisions et s'est mis à ne plus faire que des choix contraires à ses ressentis. Une fois adulte, il esquivait tout ce qui lui plaisait. Ainsi, ni ses amis, ni son travail, ni sa copine ne lui correspondaient vraiment, et chaque choix chez lui générait de l'angoisse.

## 6. Le Chantage

Il est également très destructeur même s'il semble en apparence parfois anodin. Le chantage est un moyen pour prendre le pouvoir sur l'autre et se sentir soi-même en sécurité à ses dépens.

Dans les cas de chantage, l'enfant est poussé à agir, non pas guidé par ses propres besoins et envies, mais par la peur du « maître chanteur » dont il espère obtenir de l'amour, de l'approbation, de la nourriture ou des cadeaux. L'enfant agit aussi par peur de ne plus être aimé, d'être abandonné ou de décevoir.

Le chantage induit souvent une notion de punition et de récompense. C'est le cas avec le grand classique « si tu es sage, tu auras un gâteau… », lequel grave dans l'esprit de l'enfant les équations :

Sage = Gâteau et Bêtise = Punition.

Ces schémas comportementaux sont évidemment réducteurs. Ils peuvent certes être parfois une roue de secours pour les parents dans des situations d'urgence où le calme est immédiatement nécessaire. Mais il ne faut surtout pas en abuser car l'enfant doit apprendre à réfléchir et à raisonner par rapport à une situation et non pas agir aveuglément pour obtenir une récompense, éviter une punition ou faire plaisir.

## 7. Éviter la libre expression des émotions

Dans cette partie, il sera question des fameuses crises, colères ou caprices des enfants. C'est-à-dire des situations où un enfant qui ressent une forte émotion l'exprime avec des ressources adaptées telles que cris, pleurs, tremblements, crachats, contorsions ou coups.

Je souhaite rétablir ici certaines vérités et mettre un peu de conscience dans des pratiques qui ne sont pas en accord avec notre nature profonde d'être humain ; laquelle est d'essence émotionnelle.

La nature nous a façonnés d'une manière qui nous permet de nous créer des blessures mais aussi de nous en guérir.

Permettre à un enfant de vivre pleinement une colère, une tristesse ou n'importe quelle émotion le traversant est sain.

Je l'ai fait avec mes trois enfants. Et j'ai constaté avec eux qu'une fois l'émotion vécue et la surcharge émotionnelle évacuée, ils passaient à autre chose.

Le problème est que beaucoup d'enfants ne sont pas autorisés à vivre et exprimer certaines émotions de la manière adéquate. Ces émotions vont alors s'accumuler et dans certains cas créer des conditionnements. Lorsque l'émotion d'un enfant n'est pas accueillie, c'est bien souvent dû au fait que l'adulte qui la réprime s'en est trouvé déstabilisé. L'émotion ayant réveillé l'enfant blessé qui sommeillait en lui.

L'adulte va alors essayer par tous les moyens de faire taire l'enfant. Par exemple avec :

– De la nourriture, des jouets ou des injonctions du genre «arrête de pleurer, tiens un gâteau ». C'est malheureusement là la voie royale pour développer des AS de compensation.
– Une punition. Dans ce cas, l'enfant associe alors son émotion à la punition. Cela peut l'amener à se couper de ses ressentis. Lors de mes séances, j'ai souvent été confrontée à des personnes qui ont perdu la connexion avec leurs émotions. Ressentir de la colère ou de l'amour leur est alors devenu impossible. Heureusement, il est possible pour ces personnes de se reconnecter à leurs émotions mais cela demande parfois beaucoup de travail.
– Une minimisation de l'acte ayant généré l'émotion jugée problématique. Le parent assène alors des phrases du genre « Ce n'est rien ! Pourquoi pleures-tu autant ? » Ce faisant, l'adulte ne reconnaît pas la détresse qui traverse l'enfant et celui-ci peut (légitimement) se sentir nié.

Prenez conscience de l'importance de laisser un enfant se guérir lui-même à travers ses émotions. Accompagnez-le. Encouragez-le à les exprimer. Et si elles vous touchent, accueillez ce sentiment.

J'ai un enfant de sept ans. Son prénom est Tobias. Il est très affirmé et a beaucoup de personnalité. Un jour, alors que je préparais le déjeuner, il est venu à la cuisine chercher un gâteau. Je lui ai demandé de poser le gâteau car l'heure du repas approchait. Tobias a d'abord essayé de me faire changer d'avis puis faute de résultat, il s'est mis très en colère et a commencé à pleurer puis à crier.

J'ai observé avec une certaine fascination la puissance de sa colère, et prendre ainsi du recul a empêché ma propre colère de résonner avec la sienne.

Je lui ai juste dit que je voyais qu'il était en colère et cela l'a énervé encore davantage. Il est venu vers moi pour crier et « frapper le frigo ». Pour qu'il ne se fasse pas de mal, je lui ai pris les mains comme pour l'accompagner dans sa colère. Là encore, il a monté d'un cran et s'est débattu brièvement. Et d'un coup, arrivé au bout de sa colère, il s'est calmé et est parti tranquillement. Tout le processus a duré au total environ cinq minutes.

## 8. Les Messages Contraignants

Les messages contraignants ont été identifiés par les chercheurs de l'Analyse Transactionnelle. Je livre ici ma version personnelle, qui est loin d'être académique.

Ce sont des messages qui ont été enregistrés dans notre inconscient, hérités de notre éducation. On les appelle aussi les mots d'ordre, ce sont des traces intériorisées des messages de nos parents ou de ceux qui exercent l'autorité sur nous. Derrière ceux-ci, l'enfant entend une condition à la reconnaissance. Si je ne suis pas sage, ma mère ne m'aimera pas, par exemple.

Ils sont issus des expressions et des injonctions que nous avons entendues fréquemment dans notre enfance. Chaque individu dispose d'un ou plusieurs messages contraignants qui s'activent sous stress et donc influencent le comportement d'AS. Les messages contraignants sont à la source des AS, car ils modifient notre agissement d'une manière inconsciente, et cela malgré nous.

Ils engendrent le flou entre ce qui nous convient et ce qui ne nous convient pas et entre le fait de respecter nos besoins et ceux des autres.

Ils nous mettent en attente vis-à-vis d'autres personnes tout en espérant qu'elles fassent pareil que nous.

Il y en a cinq.

### 8.1 Sois fort

« Il faut être courageux », « Un grand garçon ne pleure pas », « Ce qui ne nous tue pas nous rend plus forts », etc.

Une personne ainsi conditionnée évite de montrer ses émotions. Elle est persuadée qu'elle doit se débrouiller seule et que toute autre façon de faire serait un aveu de faiblesse. Elle a tendance à être rigide, intolérante et méprisante envers ceux qu'elle considère comme faibles. Le message caché qui l'habite est : « Ne ressens pas tes émotions ou encore coupe-toi d'elles ! »

### 8.2 Sois parfait

« Tu peux mieux faire », « c'est pas mal mais j'attendais mieux de toi ».

Une personne ainsi conditionnée est perfectionniste, insatisfaite et exigeante. Elle craint le jugement et le manque de contrôle. Le message caché qui l'habite : « Tu n'es pas bien tel que tu es. »

### 8.3 Fais plaisir

« Fais plaisir à maman/papa », « Ne soit pas égoïste », « Sois gentil, je suis fatigué », etc.

Une personne ainsi conditionnée craint de décevoir. Elle se laisse envahir par les autres, recherche leur approbation et ne sait pas leur dire non. Elle est susceptible et se sent facilement victime de son dévouement. Le message caché qui l'habite : « Les besoins des autres sont plus importants que les miens. »

### 8.4 Dépêche-toi

« Bouge ! », « Fais vite », « Arrête de traîner », « Tu es trop lent », etc.

Une personne ainsi conditionnée est agitée et impatiente. Elle se met beaucoup de pression pour en faire toujours plus. Elle s'ennuie facilement, préfère la rapidité à la qualité et prend en charge plus que ce qu'elle ne peut réellement faire.

Le message caché qui l'habite : « Ne respecte pas ton rythme ! »

8.5 Fais des efforts

« Donne-toi un peu de mal », « A vaincre sans effort on triomphe sans gloire », « On n'a rien sans rien », « Il faut se battre » etc.

Une personne ainsi conditionnée pense que toute réussite valable passe par des tâches pénibles. Elle a tendance à compliquer les choses et à penser que les autres sont paresseux. Elle est insatisfaite et craint la critique. Le message caché qui l'habite : « Ignore tes besoins ! »

Les questions à se poser pour avancer :

– Dans quelle mesure vous reconnaissez-vous dans chacun de ces messages ?

– Comment s'expriment-ils chez vous ?

– En quoi sont-ils un problème dans vos comportements ? Dans vos relations ? Dans la pression que vous vous imposez à vous-même ?

# LA PEUR DERRIÈRES LES AS

La peur est l'une des principales causes de l'auto-sabotage. Dans cette partie, nous allons nous pencher sur les huit peurs les plus courantes susceptibles de se cacher « derrière » ces comportements. Si elles ne correspondent pas spécifiquement à un type d'agissements, elles sont en revanche souvent centrales dans le fait que nous nous sabotions.

## 1.1 La peur de l'inconnu

L'être humain a une tendance naturelle à préférer ce qu'il connaît. Cela est sans doute lié à des instincts archaïques de survie, les premiers hommes ayant vécu en effet dans des environnements dangereux et mal connus d'eux.

Aujourd'hui, nous ne vivons généralement plus dans ce type d'environnement. Se méfier de l'inconnu ne sert bien souvent qu'à se maintenir dans sa zone de confort. Or l'évolution et le dépassement qui nous font grandir en tant qu'être humain se trouvent au dehors.

## 1.2 La Peur du Rejet

Je l'appelle aussi la peur du non. C'est la peur d'être ridiculisé, ignoré ou mis de côté.

La nécessité d'être accepté par son groupe d'appartenance est un besoin vital.

Certains lui donnent une origine anthropologique. Du temps de nos lointains ancêtres, la vie était organisée de manière tribale. La survie d'un individu reposait sur son appartenance au groupe (nourriture, territoire, famille, guerre...). Se retrouver exclu de sa tribu était synonyme de condamnation à mort.

Cette peur d'être exclu reste profondément ancrée dans notre inconscient. Elle régit encore nombre de nos comportements quotidiens et explique notre réticence à nous exposer à tout ce que nous identifions comme des risques potentiels de rejet.

### 1.3 La peur de se tromper

Trop souvent, nous évitons d'agir ou de prendre une décision parce que nous doutons de la pertinence de nos choix. La plupart des gens associent le choix d'une option à la perte de toutes les autres. Ils se disent que choisir, c'est parfois prendre le risque de se tromper et dans tous les cas se fermer à d'autres options. Nous sommes angoissés à l'idée de poser des choix clairs dans nos vies car nous n'avons pas toujours assez confiance dans notre capacité à le faire.

Pourtant, choisir de manière affirmée nous confère une grande puissance en nous rendant vraiment créateurs.

Au fond, aucun choix n'est totalement mauvais puisqu'il débouchera inévitablement sur des expériences, lesquelles ne peuvent que vous apprendre davantage.

### 1.4 La peur de l'échec

Elle est très liée avec la peur de se tromper, laquelle comme nous le comprenons dès l'enfance, génère des échecs et de la souffrance. Cette peur est omniprésente et très forte dans nos sociétés occidentales où règne une délétère dictature de la performance.

Dès notre petite enfance et à l'école notamment, nous avons été formatés par des règles préétablies ne laissant guère de place à l'individualité dans ce qu'elle a de positif. Dans ce contexte, tous ceux qui ne pouvaient s'adapter étaient considérés comme en échec. Leur estime personnelle en a souffert immanquablement. C'est de cette manière que nous avons appris la terreur de l'échec.

Dans ma vie, les échecs m'ont fait beaucoup progresser. Je ne les vois donc pas forcément d'un mauvais œil même si, comme tout un chacun, je préfère évidemment les succès.

### 1.5 La Peur de Réussir

Elle semble paradoxale car comment peut-on avoir peur de la réussite ? Une telle peur n'est pourtant pas rare. La réalité psychique des individus est très complexe et parfois assez éloignée de la réalité logique. La réussite va vous mener vers l'inconnu. Vous aurez peut-être plus de responsabilités. Vous serez appelé à mobiliser des ressources intérieures jusque-là inconnues. Vous devrez vous dépasser. Et un doute vous harcèle alors : en serez-vous capable ?

Dans certaines sociétés comme la société européenne, la réussite des autres peut être mal perçue. Elle peut susciter de l'amour comme de la jalousie. La peur de réussir est en réalité celle d'un avenir que l'on ne maîtrise pas.

### 1.6 La Peur du Pire

Depuis tout petit beaucoup d'entre nous sont conditionnés à imaginer le pire et à le craindre pour l'éviter.

Une phrase absurde dit : « espérer le meilleur et se préparer au pire ». Et elle est malheureusement une devise pour bon nombre de personnes.

La peur du pire, elle vous pousse à anticiper le négatif. Or, comme vous l'avez probablement remarqué, plus on craint quelque chose, plus on a de chances de le voir arriver !

### 1.7 La Peur du changement

Le changement est naturel chez l'être humain. Vous avez appris à marcher, à lire et de manière générale à devenir de plus en plus indépendant. Passer de la position assise et statique à l'état debout et mobile a été à lui seul un changement énorme !

En grandissant, cette fabuleuse capacité d'adaptation a tendance à se perdre et une fois adulte, il est courant de céder à la tentation de trop privilégier la sécurité.

Dans le meilleur des cas, cela va vous conduire à avoir une petite vie tranquille dans laquelle tout risque est écarté. Dans le pire des cas, cela vous pousse à vivre dans l'incohérence et le mal-être.

### 1.8 La Peur de l'Engagement

Elle est souvent associée aux relations amoureuses. Or elle peut concerner les différents autres aspects de votre vie comme le travail, la famille. Être engagé et responsable ne signifie pas renoncer aux amusements et à la liberté mais plutôt accepter que la vie demande un certain degré de maturité.

S'il y a une chose à retenir à propos des peurs, c'est leur caractère irréel. Car comme l'indique Antony Robbins, la peur n'est rien d'autre qu'une fausse évidence semblant réelle. Autrement dit, il s'agit d'une expérience totalement subjective.

# LES TYPES D'AS

Il existe plusieurs types d'A.S.. À l'aide du fameux triangle dramatique de l'analyse transactionnelle, on peut les regrouper en trois grandes familles : les AS du type bourreau, les AS du type Victime et les AS du type Sauveur. Détaillons-les !

– La Victime

C'est celui autour duquel se créent les deux autres rôles. Il est impuissant et ne prend pas de responsabilités. Pour lui, tout est de la faute de l'autre, du destin, de la malchance, de Dieu ou d'un accident. C'est une manière d'attirer de l'attention, de l'aide et de l'amour. Un des messages cachés de la victime est « Pauvre de moi ! ». Il attire également la pitié et la compassion, mais peut aussi réveiller chez les autres la colère, l'agressivité. Commence alors le jeu des blessures. Nous avons tous de bonnes raisons de nous comporter comme des victimes. Ce mécanisme fonctionne presque toujours depuis l'enfance. À cette époque, quand notre mère nous refusait quelque chose, nous la faisions changer d'avis en nous plaignant, en pleurant ou en boudant.

Nous en avons déduit que nous convertir en victime permettait parfois d'obtenir ce à quoi une simple demande ne nous donnait pas accès. Nous en avons fait l'expérience tant de fois que nous l'avons comme ancrée dans nos cellules, à un moment où notre innocence et notre manque de ressource ne nous permettaient pas de nous rendre compte des aspects morbides de cette façon de faire.

**Son problème caché** : la victime n'a pas confiance en elle, elle craint d'exister pour elle-même, de s'affirmer, et ce par appréhension de perdre, d'échouer ou d'être abandonnée. Pleurs, doutes, rébellion sont pour elle des modes d'expression.

**En relation à l'AS** : Quand vous avez des AS de type victime, vous pouvez avoir parfois l'impression que le monde s'acharne sur vous ou que vous avez la poisse. Certains patients m'ont même tenu des propos du genre : « Je suis convaincu qu'on m'a jeté un sort et tous mes problèmes viennent de là. » Or il ne s'agissait que de schémas limitants.

Les victimes s'attirent des maladies, des accidents, des escroqueries ou se mettent sous la coupe de chefs abusifs.

Une de mes amies très chères s'est enfermée dans ce profil de victime. À chaque fois qu'on se parle, elle me raconte une histoire différente mais qui est au fond toujours la même. Un jour quelqu'un l'a frappée par erreur. Un autre, on lui a volé son sac. Un autre encore, son copain l'a quitté ou sa voiture est tombée en panne. Lorsqu'elle part en vacances, il lui arrive souvent des accidents. Elle est si gentille, que, bien que je sache qu'elle souffre d'AS, je ne peux pas m'empêcher parfois de voler à son secours.

– Le Bourreau

C'est une personne qui croit avoir le contrôle. Il est critique, possessif et tyrannique. Il rabaisse les autres et les croit stupides ou incompétents. Il pense que lorsqu'il fait quelque chose de mal, c'est la faute de sa victime.

Lorsque dépassés, irrités, fatigués ou désespérés par les difficultés émotionnelles et relationnelles qu'implique le schéma de victime-sauveur, suffoquant d'injustice, nous tombons dans l'amertume et le ressentiment, nous créons le bourreau. Il est le côté obscur de la force, celui qui espère à tort qu'en projetant sa souffrance sur les autres il la sentira moins.

La majorité des bourreaux sont donc conscients d'une manière ou d'une autre de ce qu'ils font et ce, même si, inconsciemment, ils ont une mauvaise image d'eux-mêmes. Sans compter que quantité d'émotions toxiques découlent d'un tel rôle : culpabilité, doute, colère ou désespoir. Sans oublier la part de souffrance que génèrent ces comportements destructeurs chez soi-même et chez les autres.

▸ **Son problème caché :**

Le bourreau a peur de montrer sa frustration, ses désirs et ses aspirations. Il fait tout pour que les personnes qu'il côtoie pensent qu'il n'a pas de problème et qu'il est fort. Il cherche à dominer, à contrôler et vit dans la peur secrète d'être démasqué. Il se venge inconsciemment de sa douleur et des blessures ouvertes pendant l'enfance. Car évidemment, lui aussi a été la victime un jour.

**En relation à l'AS** : Vous aimez avoir le contrôle de la situation, vous pouvez être critique envers les autres (conjoint, enfants, société...). En certaines occasions, vous pouvez être agressif, voire violent. Vous aimez donner des ordres. Il vous arrive de tomber dans la possessivité. Vous portez en vous des colères non résolues, lesquelles peuvent causer des difficultés avec votre entourage.

C'est le cas de Gilles, un homme marié depuis 3 ans avec une femme qu'il avouait mépriser en sa présence et aimer en son absence. Dès le début de leur relation, Gilles était devenu très désagréable et critique avec son épouse. Tout en elle l'irritait jusqu'à sa voix. Résultat : le couple se disputait tous les jours et parfois même, Gilles allait jusqu'à frapper sa compagne. Les fois où cela arrivait, il finissait toujours par se sentir coupable, se jurait de ne plus jamais recommencer. Sauf que la dynamique des conflits le rattrapait toujours et qu'il se surprenait tôt ou tard à agir de la même façon.

– Le Sauveur

Il est en quête de reconnaissance. En apparence, il veut aider. En réalité il cherche que la victime continue à l'être pour pouvoir obtenir d'elle la reconnaissance recherchée.

Généralement il propose son aide et il n'est pas nécessaire de la lui demander. Il peut devenir envahissant. Le sauveur peut l'être par exemple en matière financière. Ses gestes d'apparente générosité auront alors pour effet de convertir la victime en assistée. Celle-ci ne pourra dès lors pas développer ses facultés et révéler ses talents.

Dans une situation d'interaction, le message du sauveur à la victime et au bourreau est : « Je vais vous aider ! »

Le Sauveur cherche à se voir comme quelqu'un de bon et généreux. Et au fond de lui, il est bien possible qu'il le soit. Le problème est que pour tenir son rôle, il doit jouer à des jeux extrêmement nocifs.

Dans son enfance, le sauveur a appris qu'en étant gentil et en faisant plaisir aux autres, en les servant ou en se soumettant à leur autorité, il pouvait attirer leur reconnaissance. C'est exactement ce qu'il va tenter de faire dès que l'occasion se présente afin de glaner ce qui lui a manqué quand il était petit, à savoir : des paroles valorisantes, des flatteries ou des encouragements.

En agissant ainsi, le sauveur place l'autorité, le respect et son pouvoir à l'extérieur de lui-même. En tant que Sauveurs, nous avons besoin d'une victime à sauver. Et inconsciemment, nous ne sommes donc pas intéressés à l'aider réellement à sortir de son drame puisque cela supposerait, croyons-nous, le réveil du nôtre.

**‣ Son problème caché :**

Le sauveur ne se respecte pas car à force de chercher à tout prix la reconnaissance, il ne fait pas assez respecter ses limites et accumule ainsi de la rancœur et de la culpabilité. Ne sachant pas donner ce qui est juste, le sauveur donne généralement trop et finit par s'épuiser.

**En relation à l'AS** : Vous voulez aider les autres mais vous oubliez de vous occuper de vous-même. Vous donnez systématiquement en attendant de la reconnaissance en retour. Si vous n'en obtenez pas, vous pouvez tomber dans la colère et la frustration. Vous attirez des personnes en difficultés, comme des gens avec des problèmes d'addiction, d'argent ou de maladie.

Le cas de Marie est parlant. Elle est venue me consulter après un burnout. À l'époque, elle passait ses journées à courir entre ses enfants, sa maison, son mari, son travail, et surtout ses parents âgés. Et elle n'obtenait pas la reconnaissance espérée en retour. Quand je lui ai posé la question de savoir si ses proches lui avaient demandé de les aider ainsi, elle a été très étonnée et s'est mise à pleurer, avant de répondre par la négative. Marie m'a expliqué ensuite s'être toujours sentie obligée d'aider les gens qu'elle aime.

Exercice :

Reprenez maintenant une à une toutes les situations dans lesquelles vous avez repéré un mécanisme d'autosabotage et répondez à ces questions :

S'agit-il d'un auto-saboteur de type « Victime » ?

Ressentez-vous de la peur, de la tristesse ? Êtes-vous résigné ? Avez-vous l'impression d'être victime de personnes, d'événements, ou bien de ne pas avoir de chance ? Avez-vous l'impression d'avoir tort ?

S'agit-il d'un auto-saboteur de type « Bourreau » (ou persécuteur) ?

Vous sentez-vous en colère ? Vous arrive-t-il d'être « méchant », de vous en vouloir ou de vous sentir coupable ? Êtes-vous dans la critique ou le blâme ? En voulez-vous à quelqu'un pour ce qui vous arrive ? Avez-vous l'impression d'avoir raison ?

S'agit-il d'un auto-saboteur de type « Sauveur » ?

Vous sentez-vous supérieur aux autres ? Êtes-vous gentil ou sympathique pour plaire aux autres ? Avez-vous plein de « bonnes » raisons de faire ce que vous avez fait même si ce n'est pas aligné sur vos valeurs ou vos désirs profonds ?

# LES PERSONNAGES INTÉRIEURS

Au gré des circonstances, les AS peuvent prendre la forme de différents personnages, lesquels cohabitent difficilement à l'intérieur de nous.

**LE PAUVRE DE MOI** : il s'attire souvent des situations désagréables, a peur de tout, pleure facilement, recherche l'attention des autres, se sent fragile dans un monde dangereux et ressent le besoin d'être pris en charge.

**LE REJETÉ** : il a peur des gens, défend son espace vital, se sent vite envahi, ne s'engage pas. Il y a beaucoup d'hommes parmi eux.

**LE CONTRÔLANT** : il monopolise la conversation, coupe la parole aux autres, fait des demandes et a beaucoup d'exigences et d'attentes.

**L'ABANDONNÉ** : il est craintif, dépendant et a peur de ne pas être aimé. Il y a beaucoup de femmes parmi eux.

**LA PETITE FILLE ou LE PETIT GARÇON** : ils sont fragiles, mignons, ont un regard ou une voix enfantine, cherchent un père ou une mère mais refusent tous les autres adultes.

**L'EXPERT** : il est plein de bon sens commun, sait tout sur tout et l'exprime avec des arguments bien aiguisés.

**L'EXPERT EN DÉVELOPPEMENT PERSONNEL :** il a lu beaucoup, a fait des stages, suivi des thérapies, mais sa vie ne s'est pas transformée pour autant. Quand il arrive à un stage, il étale son expérience sur le mode « Je connais, j'ai déjà fait ». Il tente souvent de se substituer au formateur.

**LE SPIRITUEL :** lui aussi a beaucoup travaillé sur lui. Il est détaché du matériel, médite, essaie de tout faire parfaitement, a des idées très arrêtées sur la manière dont il devrait se comporter. Il est en colère d'être en colère. Il a peur d'avoir peur. Il est triste d'être triste. Il peut avoir un ego spirituel et vivre dans une petite bulle.

**LE BISOUNOURS NEW-AGE :** pour lui, tout est amour et lumière. Il nie son côté sombre ou ne s'en occupe pas. Il est souvent dans l'évitement et le déni.

**LE SAINT-THOMAS :** il est concret. La seule chose qui existe c'est ce qu'il peut toucher ou expliquer, ce qui rentre dans son système de croyances.

**LE MATÉRIEL :** ses préoccupations ne sont que concrètes. Tout ce qui est de l'ordre des sentiments, des émotions et de la spiritualité ne l'intéresse pas. Il peut être cassant avec ceux qui tentent de le sortir de son monde.

**LE SÉDUCTEUR, (TRICE) :** iI cherche à plaire à tout prix au sexe opposé mais pas seulement. Il se veut sexy, prend soin de lui, lâche des petites phrases ou pose des actes visant à réveiller le désir chez les autres.

**LE NÉGLIGÉ :** il ne prend aucun soin de son apparence physique, porte de vieux vêtements sales ou troués, est mal coiffé, ses chaussures sont usées…

**LE NARCISSIQUE :** il parle de lui et de ses exploits. Les autres ne l'intéressent que lorsqu'ils le remarquent ou lui disent ce qu'il veut entendre. Il supporte très mal les critiques. Il prend beaucoup soin de son corps et de son apparence.

**LE JE SAIS TOUT :** seul lui a raison même pour les autres en ce qui les concerne !

**LE JUGE** : culpabilisant et moralisateur, il juge les autres sans cesse.

**L'ADOLESCENT** : il est irresponsable, rebelle, en guerre contre le système et l'autorité.

**LE RADIN** : il déteste dépenser de l'argent surtout pour ce qu'il juge inutile. Il supporte mal les dépenses de plaisir comme le fait de s'offrir un restaurant par exemple.

**LE PÈRE** : il critique et donne en permanence des ordres, des leçons ou des conseils.

**LE FAUCHÉ** : il critique les riches, le luxe et la consommation, n'a jamais d'argent et se débrouille pour vivre avec le strict minimum.

**LE DÉPENSIER :** il vit au-dessus de ses moyens, achète quantité de belles choses dont il n'a pas toujours besoin et est souvent en rouge à cause de ses dépenses.

**LA MÈRE DÉVOUÉE :** elle prend soin de tout le monde sauf d'elle-même et vit dans le sacrifice permanent.

**LA MÈRE OU LE PÈRE FOUETTARD :** Ils sont en colère et se comportent un peu comme des bourreaux avec leurs enfants qu'ils critiquent, punissent voire torturent.

**LE CÉLIBATAIRE :** il est souvent seul et a peur de l'engagement et de l'intimité que suppose une véritable relation.

**LE POLICIER :** il nous observe et nous punit quand nous transgressons nos règles internes

**LE CURÉ ou LA NONNE :** la sexualité libre et épanouie l'insupporte et les met mal à l'aise.

Une infinité de personnages existent en nous, selon les situations.

Voici une anecdote personnelle concernant l'un de mes propres personnages. Je suis une femme volontaire, décidée et affirmée. Quand j'ai commencé à disséquer mes « systèmes d'auto-sabotage », j'ai pris conscience qu'il existait en moi un personnage que j'ai baptisé « Super Woman ». Quand ce personnage prend l'ascendant, je vis totalement dans l'action et seul mon côté yang ressort. Je nie alors ma féminité, je contrôle tout, je sais tout et je suis multitâche.

Dans ce costume, je peux donner à manger d'une main à mon plus jeune fils et soutenir une discussion professionnelle délicate de l'autre. Malheureusement, ce comportement se retourne contre moi car il me rend aussi impatiente, autoritaire, intransigeante et cassante.

Ce personnage m'a joué des tours incroyables, avec mes enfants, mes conjoints et mes collègues.

Il y a quatre ans, j'ai entamé un travail de fond sur ce personnage, lequel avait un tel pouvoir sur moi que lorsque je l'ai partiellement débranché, j'ai passé six mois dans l'inaction. J'étais alors un peu perdue mais j'ai pris mon temps tout de même car je savais que ce rééquilibre était aussi nécessaire qu'inconfortable.

Et effectivement, une nouvelle version de moi a émergé. Aujourd'hui, *Super Woman* réapparaît de temps à autre, mais de moins en moins souvent et lorsque c'est le cas, ce n'est plus elle qui commande.

## Questions pour aller plus loin :

– Avec quels personnages de cette liste vous vous identifiez ?

– Comment se manifestent-t-ils ?

# PARTIE III

# LA GUÉRISON

# VERS LES SOLUTIONS…

Dans la première partie de ce livre, j'ai voulu attirer votre attention sur ces comportements parfois mal connus qui constituent l'AS. Dans la deuxième, j'ai voulu traiter des sources de l'AS. Maintenant, je vous propose d'identifier plus en profondeur votre propre système d'A.S.pour aller vers sa guérison.

Car plus vous saurez de quels types d'AS vous souffrez, dans quelle situation ils se manifestent et comment ils fonctionnent, et moins ils auront de pouvoir sur vous. La première clef pour vous libérer de l'auto-saboteur est de le voir. En y parvenant, vous réaliserez qu'il est différent de vous.

Exercice :

1. Dresser le portrait-robot de votre AS

1.1 – Son type

– Sauveur

– Persécuteur

– Victime

1.2 – Sa couleur

– Noir : il critique à coup de « Tu as tort ! » et autre « Tu es bête ! »

– Blanc : il excuse à coup de « T'as bien raison ! » et autre « Tu sais mieux que moi ! »

– Gris : il est indétermination, habitudes inconscientes et doutes.

1.3 – Comportement de votre AS

*Les trois principaux comportements réactifs :*

– *Fuite. Vous évitez les confrontations... ?*

– *Lutte (attaque et défense). Vous êtes agressif ou violent... ?*

– *Repli/Se cacher/S'inhiber/Se figer. Vous êtes incapable de prendre des décisions ? Vous vous repliez sur vous-même... ?*

1.4 – Son message envers vous

*Les cinq messages contraignants :*

– *Sois parfait*
– *Sois fort*
– *Fais plaisir*
– *Fais des efforts*
– *Dépêche-toi*

Quelle est son énergie ? Il est triste, en colère…

Comment l'imaginez-vous ? Comme un militaire qui donne des ordres, un marathonien qui court sans arrêt…

## Repérez les auto-sabotages

Vous comprendrez aussi d'où il vient et quel est son rôle. Vous savez désormais comment repérer votre auto-saboteur et d'où il vient. Pour résumer, il y a des facteurs qui permettent d'identifier l'auto-saboteur :

1. Un dialogue intérieur négatif : critique, jugement, excuse, etc.

2. Un sentiment de frustration, d'inquiétude, d'indécision, de confusion, de compulsion,…

3. Une situation problématique qui se répète…

Un seul de ces facteurs indique la présence de l'auto-saboteur. Mais bien entendu, ils sont corrélés : le discours intérieur négatif entretient le sentiment désagréable, ce qui va amener une situation problématique à se répéter encore et encore jusqu'à ce que le mécanisme d'AS qui l'a déclenché cesse enfin. Et pour faire cesser ce mécanisme, il est nécessaire de comprendre que :

1. Derrière les histoires que raconte l'AS, il y a des fausses croyances, des croyances limitantes sur vous, sur les autres, sur la Vie…
2. L'AS est un mécanisme fondé sur la peur. C'est pour cela que vous ne vous sentez pas bien dès que vous adhérez à son discours.
3. Ce n'est pas ce que dit l'AS qui est important mais pourquoi il le dit. À la base de l'auto-saboteur, il y a des blessures, des émotions non exprimées et des besoins insatisfaits, notamment un besoin d'acceptation. Il y a un appel à l'Amour, il y a un vrai message à écouter (je traiterai tous ces points plus tard dans la partie sur les clefs).

## L'investigation

### Dans quelle(s) partie(s) de votre Vie les AS se manifestent ?

Je vais vous proposer un exercice très ludique. Il s'appelle « La grille de cohérence ». Il vous aidera à dénicher les endroits de vous où des AS peuvent se cacher.

| **« La grille de cohérence »** | | | | |
|---|---|---|---|---|
| Où j'en suis ? | | | | |
| **Émotions** | **Pensées** | **Discours** | **Actions** | **Résultats** |
| | | | | |
| Ce que je veux ! | | | | |

Pour le faire :

- En bas, écrire un but important, associé à un désir/besoin profond (état désiré). ▸ Ce Que je veux.
- En haut, résumer la situation actuelle, où vous en êtes par rapport à ce but. ▸ Ce Que vous Vivez.
- Au milieu faire un tableau de 5 colonnes.
- Colonne 1 : émotion ou état ou sentiment que vous vivez en rapport à cette situation (et pour réaliser ce

but). Un état déplaisant peut vous signaler qu'un AS s'est déclenché.

- Colonne 2 : Pensée, à savoir ce que vous vous dites par rapport à cette situation.
- Colonne 3 : Discours : Ce que vous dites aux autres par rapport à cette situation (et pour réaliser ce but).
- Colonne 4 : Vos actions engagées envers ce but.
- Colonne 5 : Vos résultats à savoir ce qui se passe en lien avec vos pensées, paroles, actions, vos progrès ou non…

Si les cinq colonnes sont alignées et cohérentes entre elles et avec le but, vous n'avez pas d'A.S. Sinon si.

Notez les indices indiquant la présence de l'AS !!!

### Explication

Pour qu'un résultat se produise vous devez œuvrer en ce sens. Quand vos émotions, vos pensées, vos discours et vos actions sont alignés, vous avez de fortes chances d'arriver au résultat convoité. C'est là l'un des principes de cette fameuse loi de l'attraction.

Il arrive parfois que nous voulions quelque chose tout en faisant autre chose. C'est d'ailleurs un cas classique dans l'A.S.

### Exemple pratique :

Philippe qui est barman de formation voudrait trouver un nouvel emploi.

**Sa situation actuelle ?** ‣ Il est au chômage.

**Au niveau des émotions** ‣ Il reste confiant.

**Pensées** ▸ Il se dit que dans son secteur trouver un travail est facile.

**Discours** ▸ Il parle de sa condition de chercheur d'emploi.

**Actions** ▸ aucune. Il procrastine.

**Résultats** ▸ Aucun.

Le cas de Philippe est très parlant, il est au chômage, mais il reste confiant. Ses émotions, pensées et discours sont alignés avec son but qui est de trouver un travail. Sauf qu'il ne passe pas à l'action. Et donc le résultat désiré n'arrive pas.

Cet exemple est simple. Parfois dans le même genre de situation, les choses sont plus complexes. J'ai par exemple aussi rencontré des personnes qui cherchent activement un travail en faisant des candidatures spontanées notamment. Contrairement à Philippe, elles n'ont pas confiance en elles, ont peur ou se focalisent sur le taux de chômage. Mais comme lui, elles n'arrivent logiquement à aucun résultat.

Dans la vie, vous aurez plus de chances de trouver un travail, un compagnon ou d'améliorer votre relation avec quelqu'un si vos émotions, vos pensées, vos discours et vos actions sont en accord avec le résultat recherché.

Cet exercice est très simple. Il est une sorte d'état des lieux, si vous voulez, mais il peut vous conduire à des prises de conscience sur la ou les parties de votre vie, qui ont besoin d'être accueillies, travaillées ou transformées.

## D'autres moyens pour repérer les auto-sabotages

### 1. La répétition de l'expérience déplaisante

Je l'ai déjà dit plus tôt, quand vous vous attirez souvent le même type d'expériences, c'est parce que des schémas doivent se libérer. Si en plus cette expérience représente un énorme défi pour vous, vous pouvez être certain que vous avez des blessures importantes à guérir.

L'AS, comme déjà vu précédemment est le bras armé des blessures. C'est la manière dont nous nous punissons inconsciemment. Il y a une relation directe entre le niveau des blessures et celui des AS.

Les enfants ont tendance à se sentir fautifs des blessures qu'ils ont endurées et à se punir par la suite (inconsciemment dans la plupart des cas). De mon point de vue, la cause en est une culpabilité portée par une majorité d'entre nous.

C'est un sujet qui me fascine. Je pense d'ailleurs que cette culpabilité remonte à l'inconscient collectif. Elle a été nourrie en bonne partie par les religions. Selon le catholicisme par exemple, nous naissons porteurs du « péché originel ». Ces visions, tout comme d'autres, ont contribué à cette culpabilité intrinsèque de l'être humain. En quelque sorte, nous nous reprochons de ne pas être assez gentil, pas assez ceci, ou cela, pas assez parfait en réalité… Mais ce dont nous nous sentons réellement fautif s'est joué dans le passé, le nôtre ou même celui de nos parents. Il n'en reste que des culpabilités dont l'objet s'est déplacé. Souvent, même, il n'en demeure qu'une trace, qu'une angoisse incompréhensible, un sentiment diffus de honte, d'insuffisance…

Nous avons vécu une blessure et même si elle s'est passée dans la vie intra-utérine à laquelle la mémoire ordinaire n'a aucun accès, notre inconscient l'a enregistrée. Comme notre système repose sur cette culpabilité, nous cherchons ensuite une manière de payer notre faute. Et c'est là que l'AS intervient à travers un comportement qui nous nuit, une maladie, un accident qui correspond pour l'inconscient à une punition, mais que le conscient n'identifie pas comme tel.

La répétition peut aussi être devenue une habitude, pas forcément douloureuse sur le moment mais qui au final vous nuit. Un bon exemple de cela vient d'une de mes tantes qui négligeait depuis toujours son habillement et son apparence physique. Pour elle l'important était uniquement d'être à l'aise dans ses vêtements et les codes vestimentaires de féminité lui importaient peu, voire pas du tout. Elle avait parfois des relations amoureuses mais cela ne durait jamais, même si elle avait aimé.

Dans la famille, on lui assénait que ces échecs étaient en grande partie dus à son apparence physique. C'était d'autant plus vrai dans une société comme la vénézuélienne, dans laquelle l'apparence physique revêt une grande importance.

Nos remarques ne semblaient pas l'affecter et un jour, elle s'est mise en couple avec un homme travaillant comme professeur de sport. Au fil de leur relation qui dura quelques années, ma tante se négligeait de plus en plus physiquement si bien qu'un beau jour, son ami l'a quitté, comme d'autres avant lui, à cause de cela. Apparemment, il lui avait fait remarquer souvent que son laisser-aller le gênait mais elle n'en avait jamais tenu compte. Après la séparation, elle a finalement compris que son travers lui jouait des tours.

- En ce qui vous concerne, quelle situation d'échec se répète dans votre vie ?
- Les autres font-ils souvent des réflexions sur vous-même que vous n'arrivez pas vraiment à comprendre ni à intégrer ?

### 2. Émotions exagérées et déplacées, ou réagir souvent avec le même type d'émotions.

Il s'agit là d'une manière simple de repérer l'AS.

Voici un exemple : Un soir une bonne amie est venue me faire un massage. Cette personne a quitté son travail. Elle se cherche une mission de vie et il se trouve que masser lui plaît.

Comme je suis moi-même masseuse, je me suis permise de lui faire quelques suggestions d'amélioration.

Le lendemain, elle m'a téléphoné pour me dire que mes remarques l'avaient découragée et qu'elle avait maintenant l'impression de ne pas être faite pour le massage. Sa conclusion était trop rapide car j'avais apprécié son massage. Là, elle m'a expliqué que lorsqu'elle se lançait dans quelque chose et qu'on lui faisait une critique même constructive, cela la décourageait au point de tout laisser tomber.

- Dans quelles situations, avec quelles personnes, ou dans quels lieux vous comportez-vous de manière exagérée, déplacée ou avec le même type d'émotions ?

### 3. La physiologie

Les tensions ou les contractions du corps peuvent trahir un comportement d'AS.

Quand vous êtes soumis à un AS, vous vous connectez inconsciemment à une situation du passé qui n'a pas été réglée. Cela vous cause automatiquement un certain stress physique car votre corps a enregistré en mémoire divers symptômes associés à ce premier traumatisme et les reproduit.

Pour votre cerveau, toute situation ressemblant de près ou de loin à cette première expérience vous met sur vos gardes. L'exemple de Rodolphe illustre bien ce phénomène. Cet homme est timide avec les femmes. Quand il rencontre une femme qui lui plaît, il perd tous ses moyens. Ses mains deviennent moites. Son dos se rigidifie et son cerveau se vide. Tout à coup, il ne sait plus ni quoi dire ni quoi faire.

- Dans quelles situations, avec quelles personnes, ou dans quels lieux, sentez-vous que votre physiologie change d'une manière désagréable ?

### 4. Pensées antagonistes

Vous pensez tout et son contraire. Les AS génèrent parfois de la confusion mentale. Le brouillard, le manque de clarté, la désinformation, les doutes créent la pagaille dans votre mental et vous avez du mal à prendre les bonnes décisions.

- Avez-vous déjà eu ce genre de pensées ?

5. Actions contradictoires

Une force intérieure vous pousse à agir dans la direction contraire à celle que vous souhaitez. Mais vous ne pouvez ou ne voulez pas vous arrêter.

Exemples : Vous voulez perdre du poids mais vous mangez trop. Vous aimeriez avoir une relation différente avec votre enfant mais vous continuez à interagir dans la même dynamique. Vous aimeriez être en couple mais vous ne faites rien pour rencontrer d'autres personnes ou alors vous rencontrez quelqu'un qui vous plaît et vous adoptez avec lui un comportement fermé.

- Avez-vous déjà pris des décisions puis ensuite agi dans le sens contraire à celles-ci ?

Vous avez tout mis en œuvre et rien ne fonctionne.

La vie est parfois mystérieuse. Elle peut nous conduire à prendre des décisions que nous ne voulions pas prendre et cela peut être inconfortable à vivre.

Il y a quelques années, avant de devenir thérapeute à plein temps, j'ai voulu lancer une entreprise pour faire et vendre des vêtements Bio. J'ai mis mon projet en œuvre, pas à pas, mais à chaque fois il y avait quantité d'obstacles imprévus à franchir. Cela m'a découragée et je me suis concentrée sur mon activité de thérapeute. Et là, le succès est arrivé assez vite. Avec le recul, je réalise que la vie m'a guidée dans la direction qu'elle savait bonne pour moi !

Pour réussir un projet, il faut poser les bonnes actions mais aussi le faire avec les bonnes croyances. Trop de décalage entre les deux pourrait conduire à l'échec.

Il faut aussi se choisir un projet réaliste car se fixer des objectifs trop ambitieux peut mener dans des impasses. En sous-estimant les connaissances, les compétences ou le temps nécessaire à la réalisation d'un projet, on rencontre l'échec et on se démotive. Il faut donc adopter une approche plus réaliste tout en essayant de se dépasser constamment et de faire de son mieux.

Je suis convaincue qu'avec du temps, du travail et des croyances adéquates, nous pouvons réaliser l'impossible. La capacité à réussir prend de l'ampleur au fil des expériences faites dans le sens de votre but. Chaque succès vous aidera à retrouver confiance en vous et à vous créer des croyances plus dynamisantes.

# LES BÉNÉFICES SECONDAIRES

Une personne change pour deux raisons :

1. Parce qu'elle est forcée de le faire, c'est-à-dire que c'est l'environnement extérieur ou une situation qu'elle ne contrôle pas, comme une maladie, qui l'y pousse. Ce genre de changement génère souvent de la souffrance.

2. Par une décision consciente. La personne est déjà à un niveau d'évolution où elle ne dépend plus de sa souffrance pour évoluer. Celle-ci peut par contre être encore présente dans sa vie, mais jamais à un niveau où elle s'impose comme moteur du changement. C'est la maturité de la personne qui enclenche le processus de transformation.

J'ai souvent constaté que lorsque quelqu'un décide sincèrement de changer, il s'attire les personnes, les opportunités et les outils pour cela.

Il arrive parfois qu'un individu ait l'impression sincère de vouloir changer mais n'y arrive pas. C'est bien souvent parce que cette personne tire ce que l'on appelle des bénéfices secondaires de son mal-être.

## Que sont les bénéfices secondaires ?

Un bénéfice secondaire est un profit que l'on tire d'une situation qui nous est défavorable. Si cette situation s'arrangeait, le bénéfice disparaîtrait aussi.

Le cas de Louis et Anne l'illustre bien. Ils vivent ensemble depuis quinze ans mais se disputent souvent. Ces conflits se terminent immanquablement par des moments extraordinaires de réconciliation qui, disent-ils, « mettent du piquant dans le couple ». Ils tiennent donc à conserver ce bénéfice secondaire même si c'est au prix d'une vie affective conflictuelle. Les disputes servent souvent à redynamiser des couples un peu fatigués mais si Louis et Anne veulent véritablement avancer, ils doivent trouver une stratégie plus saine.

Margot avait 50 ans quand je l'ai reçue la première fois en séance. Elle s'est immédiatement définie comme une experte en AS. Et effectivement, sa vie ressemble à un drame cruel fait d'abus et de maltraitance. Au bout de quelques mois, sa vie s'est nettement améliorée mais il demeurait encore de nombreuses difficultés non résolues, notamment une addiction légère à l'alcool qui lui servait de soupape et d'AS, surtout envers son compagnon.

Margot estimait n'avoir aucun bénéfice secondaire lié à l'alcool.

Elle s'est finalement rendue compte qu'il y en avait plusieurs. L'alcool lui permettait de tisser des liens avec les autres et l'aidait à se sentir en confiance.

Nous avons travaillé ensemble et Margot a pu accueillir ses peurs, ses fausses croyances et ses jugements quant à ses bénéfices secondaires. Et enfin, elle a pu arrêter de boire.

Si vous avez encore des AS, c'est parce que quelque part vous avez intérêt à les conserver. Voici les principales raisons qui vous poussent peut-être à le faire :

– Attirer l'amour.
– Échapper à vos responsabilités.
– Rester éloigné de vos souffrances.
– Pour ne pas rester seul(e).

– Combler un vide ;
– Chercher de la reconnaissance
– Chercher de la sécurité ou de la protection
– Garder sa liberté.

Cette liste n'est pas exhaustive. Il existe quantité de raisons de maintenir vos AS.

Exercice :

1. Respirez trois fois par le nez et focalisez votre attention au niveau du troisième œil (entre vos deux sourcils). Respirez encore une fois et descendez cette fois votre attention au niveau du nombril.
2. Demandez-vous quelles sont les raisons qui vous poussent à maintenir des difficultés inutiles dans votre vie. Et laissez la réponse émerger.
   Elle ne sera pas mentale mais se manifestera plutôt sous la forme d'une émotion, d'une image, d'un ressenti ou d'une soudaine certitude.
3. Si rien ne se manifeste, gardez la question en vous et demandez à la vie de vous répondre. Et vous verrez qu'un jour proche ou lointain, vous trouverez la réponse dans un livre, en regardant un film, ou en parlant avec quelqu'un.
4. La question qu'il faudra vous poser ensuite est : « Est-ce que je veux garder les bénéfices secondaires de mes AS ? »

Lorsque vous serez prêt à lâcher ces bénéfices, vous devrez en faire le deuil. Comment le faire ?

EXERCICE

Lorsque vous décidez de lâcher vos bénéfices secondaires, il est fréquent que la peur vous envahisse. Vos bénéfices secondaires vous maintenaient dans votre zone de confort et maintenant vous êtes face à l'inconnu.

1. Accueillez cette peur. N'essayez pas de la faire disparaître mais ressentez-la et vous verrez qu'elle s'évanouira d'elle-même. Parfois elle reviendra. Agissez alors de même et au fil du temps, elle disparaîtra totalement.
2. Si vous ressentez de la tristesse, accueillez-la également. Acceptez de laisser couler vos larmes si elles se manifestent.
3. Si c'est la colère qui se présente, accueillez-la encore. Vous pouvez même la déverser sur un coussin.
4. Une fois le deuil fait, répétez plusieurs fois à voix haute le bénéfice secondaire en une phrase courte. Cela créera un soulagement.
5. Prenez conscience que le bénéfice secondaire est simplement une stratégie inefficace dictée par la peur et qu'il cache un besoin. Et libre à vous de trouver une nouvelle stratégie, saine celle-là, pour répondre à votre besoin.

Maintenant que vous cernez mieux vos schémas, que faire ?

## QUE FAIRE ?

Avant de répondre à cette question, posez-vous celles qui suivent. Y répondre honnêtement favorisera votre guérison :

1. Ai-je vraiment envie de me guérir de mon AS ?
2. Suis-je prêt à faire face à mes peurs ? À remettre en questions mes croyances ? À lâcher mes dépendances et mes bénéfices secondaires ? À guérir mes blessures émotionnelles ?
3. Suis-je le créateur de ce qui m'arrive ?
4. Est-ce que je choisis de me libérer ? Est-ce que je choisis de le faire maintenant ?

# LES CLEFS POUR GUÉRIR DE VOS AS

## CLEF 1

### Ne vous prenez pas pour votre AS

S'il n'y avait qu'une seule chose à retenir de ce livre, ce serait celle-là. Vous n'êtes pas votre AS, ni vos comportements, ni vos habitudes, ni vos pensées. Vous n'êtes même pas la petite voix qui vous critique, vous dénigre, vous dévalorise. Vous n'êtes pas vos échecs ni vos blessures, ni votre passé, ni votre présent non plus.

Vous êtes l'Être en train de faire ces expériences. Mais ne vous prenez pas non plus pour l'expérience.

Vos AS ne sont pas innés. Ils vous ont été transmis ou vous les avez appris. Dans les deux cas, vous y avez adhéré.

À partir du moment où vous arrêtez de vous identifier à vos AS et que vous mettez de la distance entre vous et eux, la guérison commence.

EXERCICE :

Voici un outil simple et amusant qui réduit de 50 % la puissance de vos personnages intérieurs.

1. Fermez les yeux et contactez votre saboteur en chef, c'est-à-dire celui qui se manifeste plus fortement en ce moment.

2. Respirez trois fois et ressentez son énergie. À quoi ressemble-t-il ? Comme l'imaginez-vous ? Qu'est-ce qu'il vous dit ? Qu'est-ce qu'il fait ?
3. Selon ses réponses, donnez-lui un petit surnom.

En ce qui me concerne, j'avais un personnage que j'ai baptisé « la commentatrice ». Elle se manifestait à chaque fois que je parlais en public. Lorsque je donnais une conférence par exemple, elle avait toujours quelque chose à redire après coup et elle n'était jamais satisfaite de mes interventions. Elle a perdu beaucoup de sa puissance quand j'ai commencé à la nommer et à l'observer. Je n'étais pas « la commentatrice ». Elle était juste un comportement inconscient.

Un jour, après un stage que j'animais, je suis allée manger avec un ami et tout d'un coup « la commentatrice » a déboulé et a commencé à passer en revue tous les points négatifs de l'atelier. J'ai tourné la tête du côté où je la ressentais et je lui ai crié de se taire. Tous les regards du restaurant se sont tournés vers moi interloqués, mais « la commentatrice », elle, n'est jamais revenue.

Une bonne partie du travail nécessaire pour vous libérer de l'auto-sabotage consiste uniquement à observer ces mécanismes. En agissant ainsi, vous cesserez de vous identifier à eux.

La prochaine fois que votre AS reviendra pour vous critiquer, contentez-vous de l'écouter. Ne dites rien ou juste « ah bon ? ». Restez présent et souriez-lui. Vous verrez que ce dialogue interne s'arrêtera tout seul car il ne sera alors pas alimenté.

L'exercice consistant à donner un petit nom à votre AS va aussi dans ce sens. Si l'AS a un nom, c'est qu'il n'est pas Vous. De plus, cela va vous aider à le repérer la prochaine fois qu'il viendra vous raconter ses histoires. Et si vous lui choisissez un nom humoristique, cela indique que vous cessez de prendre ses attaques complètement au sérieux.

Elles s'en trouveront alors à terme sérieusement affaiblies.

# CLEF 2

## Prenez la responsabilité de vos AS (même si ce n'est pas agréable)

Nous avons vu dans la première partie de ce livre que nous sommes créateurs de nos systèmes d'A.S.

Vous avez donc peu de chance de vous en guérir si vous pensez que vous n'avez pas de prise sur vos difficultés. La responsabilité vous mènera à la maîtrise de la situation.

Vous vous êtes identifié à vos AS, vous les avez nourris et vous avez cru en eux. Mais vous avez aussi la possibilité de vous en libérer. Car rappelez-vous : vous n'êtes pas vos systèmes d'AS.

Imaginez-vous comme un informaticien qui a créé un programme informatique. Vous êtes la seule personne indispensable pour modifier ce programme car vous seul avez accès aux codes soutendant celui-ci.

Mais la responsabilité est parfois un long chemin.

Prenez la responsabilité que vous pouvez prendre aujourd'hui.

Il existe par contre un degré de responsabilité minimale qu'il vous faut prendre en charge pour espérer pouvoir changer. C'est celui qui fait que vous êtes responsable de vos réactions, de vos actes et de vos paroles.

Si vous ne pouvez pas le faire, si vous continuez par exemple à penser que vous n'êtes pour rien dans cette colère alors vous aurez bien du mal à vous libérer de vos AS.

Si vous vous enfermez dans le rôle de victime et dans les croyances limitantes qui vous ont été transmises, vous vous regarderez comme quelqu'un sans pouvoir.

Prendre la responsabilité vous redonne une puissance. Oui, j'ai créé mes AS et oui je peux les dépasser, cette prise de conscience vous permettra de passer du statut de victime à celui de créateur.

# CLEF 3

## Occupez-vous de vos blessures

Tout comme pour les AS, n'importe quelle blessure est réversible. Il existe aujourd'hui des méthodes vraiment simples et efficaces pour travailler vos blessures.

Les AS ont généralement été créés par les souffrances du passé. Elles font écho à l'enfant intérieur en vous qui a souffert. Et tant que vous ne reconnaîtrez pas ces peines et ces manques, ils continueront à vous saboter.

Il existe des stages proposant de solutionner vos AS en changeant de comportement. Certains marchent. Mais comme la plupart des AS sont la conséquence d'une blessure, il est de loin plus efficace et logique de remonter à la source.

C'est exactement ce qu'a fait Carole. Cette femme de 50 ans était venue me trouver dans l'objectif d'arrêter de fumer. Je lui ai dit que je ne pouvais l'assurer à 100 % d'y arriver mais qu'en revanche nous pouvions arriver à remonter à la source de son addiction. Au fil de notre travail, nous avons compris que sa blessure s'était créée alors qu'elle n'était qu'un nouveau-né, cinquième enfant d'une famille de huit.

À cette époque, sa mère était complètement débordée notamment pas le frère de Carole qui peinait à marcher alors qu'il en avait l'âge. Du coup, Carole n'a pas été allaitée. Elle a alors ressenti un manque d'amour, d'attention et de protection. Lequel l'a amené par la suite à développer des stratégies compensatoires. D'abord avec la sucette, puis avec le pouce, ensuite avec un doudou et enfin une fois adolescente avec la cigarette.

Au cours d'une des séances, Carole a pu accueillir le petit bébé qui souffrait à l'intérieur d'elle. Elle a ainsi pu lui donner cet amour et cette protection dont il avait tant manqué. Suite à cela, à mon grand étonnement, elle a arrêté de fumer du jour au lendemain. Notre travail avait réussi là où patchs et cigarette électronique avaient échoués.

Quand vous vous connectez à la blessure profonde ayant généré un AS, celui-ci finit toujours par s'arrêter, car il n'a plus de raison d'être.

Diverses méthodes très efficaces existent pour la guérison de blessures. J'ai moi-même créé un outil que j'ai appelé « les quatre niveaux ». Cette méthode consiste à mettre le patient en un état d'expansion de conscience (sans avoir recours à l'hypnose) et ainsi à le ramener au moment où la blessure s'est créée. Dès lors, il est possible de traiter les émotions, les besoins et la fausse identité découlant d'une blessure. La personne concernée peut ainsi se connecter à sa véritable nature d'être humain qui est l'amour, la puissance, l'abondance et la paix. Cette expérience va ensuite la transformer petit à petit.

Ce travail m'apporte beaucoup car il me permet de constater souvent la force du potentiel de guérison d'un être humain qui a décidé de se libérer et s'est donné les moyens pour le faire.

Je le repète, quoi que vous ayez vécu, une partie de vous est restée intacte. Vous pouvez vous reconnecter avec elle et cela vous donnera une grande force. Toutes les blessures sont réversibles. Vous devez juste dire oui à la Vie et vous donner les moyens d'avancer. Pour en avoir été témoin à maintes reprises, je sais que c'est possible !

Si le sujet de la guérison des blessures vous intéresse, je vous invite à visionner sur internet une conférence que j'ai donnée à ce propos. Elle s'intitule « *Les blessures émotionnelles, chemin d'éveil* » et est visible gratuitement à cette adresse :

www.maitredetavie.com/les-blessures-de-lenfance-chemin-devolution-conference/

# CLEF 4

## Connectez vos émotions

Une des sources profondes des AS sont les émotions non exprimées, insuffisamment exprimées ou dont vous vous êtes carrément déconnecté.

Beaucoup d'entre vous ont été éduqués à se couper de leurs émotions. Il existe quatre émotions de base : la joie, la tristesse, la colère et la peur. Chacune d'entre elles a des dizaines de variantes. Bizarrement, la plupart des personnes ne connaissent pas leurs émotions ou ne prennent pas le temps de se connecter à elles. Lorsqu'on leur demande comment elles se sentent, elles répondent par des mots ne correspondant à aucune émotion comme « bien », « très bien », « mal » ou « pas mal ». Et comme vous vous occupez mal de vos émotions, elles finissent par devenir de vrais systèmes d'AS.

Quand j'avais 25 ans, j'ai eu une relation avec un beau et brillant avocat de 17 ans mon aîné. Cette relation m'a très rapidement plongé dans des états de tristesse que je n'ai pas su gérer et qui se sont métamorphosés en AS. J'étais devenue si émotive que je ne pouvais quasiment pas parler à mon compagnon sans pleurer. L'année qu'a duré cette relation, j'ai l'impression d'avoir passé mon temps en larmes.

Récemment, j'ai eu une relation avec un homme qui faisait écho à mon partenaire de l'époque. La même peine s'est manifestée mais cette fois, j'ai décidé de la vivre jusqu'au bout. C'est ce que j'ai fait. J'ai beaucoup pleuré et chaque larme me libérait. Et après quelque temps, je suis arrivée au bout de mes larmes et une grande paix s'est installée.

Vivre une émotion à fond permet de s'en affranchir.

Les émotions sont de véritables réservoirs d'énergie. La colère par exemple peut devenir une force d'affirmation. La tristesse peut devenir de la douceur et la peur de la prudence. Sauf que si vous n'allez jamais au bout de vos émotions de manière efficace, elles deviendront des A.S.

Comment se connecter avec ses émotions ?

Le processus C.A.M.E (connecter avec mes émotions)

Arrêter de vous agiter ! Quand nous sommes tristes, nous avons tendance à nous agiter (travailler, faire le ménage, aller au salon de beauté, prendre de l'alcool, des drogues, etc) afin de ne pas contacter cette émotion si embarrassante. Sauf qu'une fois que votre maison est très propre, ou que vous revenez du salon de beauté, l'émotion continue.

Les émotions sont un message de votre âme à vous-même ; le mieux c'est de les entendre, pour éviter qu'elles se transforment en AS ou en maladies ou les deux. La plupart des maladies sont des émotions non travaillées.

EXERCICE :

1. Ressentez l'émotion qui vous traverse et observer dans quelle partie de votre corps elle se loge.
2. Accordez-vous la permission de la ressentir et donnez-lui le droit d'exister sans jugement.

3. Faites des allers retours entre votre ressenti et l'observation de l'émotion en question. Au début, il est possible qu'elle grandisse. N'ayez pas peur, c'est normal.
4. Laissez-vous habiter par votre émotion. Ce faisant, Il se peut que vous ayez envie de l'exprimer en pleurant, en tremblant ou en criant. Ne vous censurez pas. Au bout de quelques minutes, votre émotion fera place à un grand sentiment de paix.
5. Vous aurez peut-être besoin de répéter ce processus plusieurs fois. Répétez-le autant que possible, jusqu'à sentir que l'émotion a été complètement accueillie.

Pour que vous puissiez vous familiarisez avec les différents types d'émotions de manière à vous y connecter, voici une liste détaillée. Cette liste constitue un outil très intéressant pour les personnes qui se sentent coupées de leurs émotions. Elles pourront s'y référer en toute situation après s'être demandés :

1. Comment je me sens en ce moment ? Comment je me sens devant cette personne ? Comment je me sens à l'idée de… ?
2. En fermant les yeux quelques instants et en prenant le temps de ressentir, la réponse s'imposera. Au début cela ne sera pas facile mais ensuite oui, car vous aurez petit à petit apprivoisé à nouveau vos émotions.

## Liste d'Émotions

| CONTENT | GAI | EN PAIX | AIMANT-E |
|---|---|---|---|
| Heureux | Enjoué | Tranquille | Chaud |
| Excité | Énergétisé | Calme | Amical |
| Joyeux | Revigoré | Paisible | Sensible |
| Satisfait | Enthousiaste | Absorbé | Plein d'affection |
| Ravi | Plein d'entrain | Content | Rempli de tendresse |
| Plein de courage | Rafraîchi | Concentré | Plein de compassion |
| Reconnaissant | Stimulé | En expansion | Plein d'appréciation |
| Confiant | D'humeur espiègle | En confiance | Reconnaissant |
| Rassuré | Plein de vie | Serein | Nourri |
| Touché | Vivifié | Satisfait | En expansion |
| Épanoui | Exubérant | Détendu | Ouvert |

| CONFUS | FATIGUÉ | APEURÉ | TRISTE |
|---|---|---|---|
| Perplexe | Épuisé | Craintif | Découragé |
| Hésitant | Impuissant | Paniqué | En détresse |
| Troublé | Saturé | Épouvanté | Déprimé |
| Inconfortable | Rompu | Qui a la trouille | D'humeur noire |
| Embrouillé | Sans élan | Terrorisé | Abattu |
| Tiraillé | Lassé | Terrifié | Blessé |
| Partagé | Endormi | Éffrayé | Malheureux |
| Déchiré | Lourd | Sur ses gardes | Mécontent |
| Embarrassé | Dépassé | Sous pression | Impuissant |
| Embêté | Ramolli | Tendu | Seul |
| Mal à l'aise | Indifférent | Anxieux | Désespéré |
| Frustré | Léthargique | Angoissé | Démoralisé |
| Méfiant | Inerte | Alarmé | Consterné |

| FÂCHÉ | ET ENCORE |
|---|---|
| En colère | Fragile |
| Enragé | Vulnérable |
| Exaspéré | Démuni |
| Fou furieux | Surpris |
| Exaspéré | Décontenancé |
| Hors de soi | Ébahi |
| Agacé | Sidéré |

# CLEF 5

## Derrière chaque AS, il y a un besoin non comblé, découvrez lequel

Les blessures et les émotions non accueillies sont souvent à l'origine d'un AS. Mais la cause peut aussi en être un besoin non satisfait.

Les comportements d'AS constituent alors des stratégies inadéquates censées combler vos besoins.

Connaître vos besoins vous permettra de dénouer de nombreuses situations.

Une personne dont les besoins ne sont pas satisfaits de manière générale, va chercher à les satisfaire par un autre moyen qui sera alors généralement un comportement inapproprié. Inversement, une personne dont les besoins sont comblés adoptera des comportements adaptés à son épanouissement.

Vos besoins actuels sont souvent en relations avec ceux de l'enfant blessé en vous.

Vous avez tenté par tous les moyens soit de les satisfaire en cherchant à l'extérieur de vous soit en les comblant via des comportements destructeurs (AS).

Or, vous n'avez pas besoin d'aller jusqu'à agir pour combler vos besoins. Les identifier et reconnaître leur légitimité suffit. Tout comme le fait de vous donner le droit d'avoir ce besoin et de vous en imprégner.

Vous pouvez aussi symboliser ce besoin avec un objet. C'est là une manière de vous matérialiser concrètement l'importance de vos besoins.

Mentir de manière répétée relève bien souvent d'un A.S. Dans ce cas, il faut trouver quel besoin se cache derrière ces mensonges ? Il peut s'agir d'un besoin de se protéger ou de protéger quelqu'un. Ou bien de préserver un lien car dire la vérité peut parfois créer des conflits entre nous et d'autres. Quelle qu'en soit la raison, le mensonge va à l'encontre de notre besoin d'authenticité, d'honnêteté.

Deux besoins peuvent parfois paraître contradictoires. Par exemple une personne qui aimerait fumer par besoin de détente mais qui dans le même temps va à l'encontre de son besoin de santé. Dans ce cas, il lui faudra développer une nouvelle stratégie, saine celle-là, répondant à ses deux besoins à la fois.

Le problème est que bien souvent nous avons été coupés de nos émotions mais aussi de nos besoins. Comment dès lors les respecter si on ne les connaît pas vraiment ?

Il est important de prendre en compte tous les besoins, et ne pas essayer de nourrir certains avec des stratégies qui finissent par se retourner contre nous.

Exercice :

1. Face à un comportement d'AS, demandez-vous à quel besoin il fait écho. Si vous ne savez pas, inspirer-vous de la liste ci-dessous.
2. Quand vous aurez trouvé le bon besoin, une détente s'imposera ou une émotion émergera.
3. Si aucun des deux ne se passe, continuez à chercher le besoin racine.

Être en contact avec nos besoins est une pratique qui ne se résume pas à la guérison de nos AS. Pratiquer au quotidien, cela nous permet de vivre plus en accord avec les autres et vous-mêmes.

Voici une liste des principaux besoins :

| **SURVIE** | **SÉCURITÉ** | **LIBERTÉ** | **RÉCRÉATION** |
|---|---|---|---|
| Abri, repos | Confiance | Autonomie | Défoulement |
| Air respiration | Harmonie | Indépendance | Détente |
| Alimentation | Paix | Émancipation | Jeu |
| Évacuation | Protection | Spontanéité | Récréation |
| Hydratation | Réconfort | Souveraineté | Ressourcement |
| Lumière | Soutien | Libre arbitre | Rire |
| Toucher | Sécurité (affective et matérielle) | Choix | Humeur |
| Expression Sexuelle | Préservation (du temps et de l'énergie) | «Empuissan-cement » | Plaisir |

| BESOINS RELATION-NELS | IDENTITÉ | PARTICI-PATION | ACCOMPLIS-SEMENT DE SOI |
|---|---|---|---|
| Amour | Affirmation de soi | Contribuer | Beauté |
| Intimité | Appartenance | Coopération | Création |
| Empathie | Intégrité | Concertation | Expression |
| Contact | Confiance | Co-création | Inspiration |
| Compagnie | Respect | Connexion | Réalisation |
| Communion | Estime de soi/de l'autre | Inter-dépendance | Actualisation de ses potentialités |
| Attention | Authenticité | Expression | Évolution |
| Appartenance | Évolution | Équité | Apprentissage |

| SENS | CÉLÉBRATION | DEUIL | SPIRITUALITÉ |
|---|---|---|---|
| Clarté | Appréciation | Des personnes disparues | Beauté |
| Comprendre | Ritualisation | Des rêves inachevés | Contact avec la nature |
| Discernement | Reconnaissance | Des relations | Espoir |
| Orientation | Gratitude | Cycles de vie et de mort | Maîtrise |
| Signification | Vivacité | De nos limites | Guérison |
| Transcendance | Partage des joies et des peines | De besoins inassouvis | Ordre |
| Unité | Passion | Des choses perdues | Paix |
| Communion | Contribution à la vie (des autres/de la mienne) | Du passé | Conscience |

# CLEF 6

## Désamorcer la puissance des messages négatifs

Certains AS poussent à ruminer mentalement les mêmes choses. Des phrases du genre « je suis nul » ou encore « je n'arrive jamais à rien » tournent en boucle dans votre tête.

Ces fausses croyances et ces jugements pompent énormément d'énergie. Elles deviennent comme une sorte de mantra qui tourne en boucle dans votre tête jusqu'à vous épuiser, sans parler des affects sur votre estime à vous répéter sans cesse de pareilles choses. Certaines personnes m'ont raconté que ça les empêche même de dormir.

Dans ces cas-là : EXERCICE.

1. Écrivez noir sur blanc ces messages et prononcez-les à haute voix jusqu'à ce que vous n'y croyiez plus.
2. Vous pouvez aussi demander à une personne de confiance de le faire pour vous. Vous verrez que c'est une manière très efficace de casser cette mécanique destructrice.

J'ai eu un jour en consultation un jeune homme que l'idée de se suicider torturait souvent. Je l'ai fait répéter « je voudrais me suicider » jusqu'à en être fatigué. Au début, il était réticent car il craignait qu'en procédant ainsi, le message ne prenne de la force. Mais c'est finalement l'effet inverse qui est arrivé et à partir de là, les idées suicidaires l'ont définitivement abandonné.

# CLEF 7

## Vider le contenu inconscient

Comme je l'expliquais plus haut, les discours des AS se composent de pensées, de croyances, de jugements, d'ordres, d'injonctions sur vous, sur les autres, sur le monde ou sur la vie.

Lorsque vous connaissez ces messages, il est plus facile de les vider de leur charge. C'est évidemment plus difficile lorsqu'ils sont inconscients.

J'ai soigné une ado en consultation. Lorsque je lui ai demandé de me décrire sa mère, elle m'a parlé d'un être adorable. Mais comme je supposais que cette jeune femme refoulait des jugements plus négatifs sur sa mère, je lui ai demandé de se relaxer et de parler d'elle à nouveau, mais cette fois spontanément et sans réfléchir. Rapidement son discours a changé du tout au tout pour finalement se résumer à un lapidaire : « C'est une connasse. La seule chose qui l'intéresse c'est de faire du yoga pour garder un beau corps et plaire à mon père. Elle n'a jamais de temps pour moi et ne s'intéresse pas à moi ! » Pour finir, cette jeune fille s'est mise à pleurer. Mais une fois calmée, elle m'a dit se sentir soulagée et détendue.

Comme elle, vous n'osez peut-être pas admettre certains de vos dialogues intérieurs et vous les refoulez dans votre inconscient. Le problème est que de là, ils agissent sur vous.

COMMENT FAIRE POUR S'EN LIBÉRER ?

1. Détendez-vous
2. Puis connectez-vous à une situation qui vous crée des soucis.
3. Respirez trois fois
4. Concentrez-vous sur votre nombril
5. Dites à haute voix ce que vous ressentez sincèrement
6. Donnez-vous la permission d'aller plus loin et recommencez jusqu'à sentir un soulagement.

•

# CLEF 8

## Écoutez votre AS

Même si ce mécanisme d'auto-sabotage semble s'opposer à vous, il y a une intention positive à la base. C'est seulement sa manière d'agir qui n'est plus appropriée. Je dirais que l'AS est le symptôme que votre enfant intérieur est en souffrance ; il fait appel à ce genres de comportements pour que vous puissiez le repérer.

Ne voyez pas votre AS comme une bête à abattre mais plutôt comme un signal d'alarme ou un appel à l'aide. Vos AS ont d'importantes informations à vous transmettre. Ils peuvent vous faire gagner du temps et de l'évolution.

Felipe, 48 ans, est toujours pressé et débordé, il a souvent des problèmes de santé qui l'obligent à rester alité. Il est venu me voir car il en avait assez. Il est devenu rapidement évident que le travail de Felipe jouait un rôle central dans son problème. En dehors de ses périodes de maladie, Felipe ne se reposait jamais et ne prenait que très peu de temps pour lui.

Son AS le poussait à tomber malade car c'était le seul moyen pour lui de se reposer et de satisfaire ainsi son besoin de détente et d'amusement. Felipe a commencé à prendre des vacances et à se ménager du temps pour faire des choses qu'il aime comme le Kung-fu. Depuis, il est moins souvent malade.

Felipe est très représentatif d'un cas où l'AS est un mécanisme de préservation. Malheureusement, il engendre aussi des problèmes.

EXERCICE :

1. Voyez ce type d'AS comme un ami qui vous veut du bien mais maladroitement.
2. Demandez-vous, ce que vous ne pourriez plus faire si votre AS devenait chronique ? La raison de votre AS se trouve dans la réponse.

* * *

## CLEF 9

### Utilisez la puissance de l'AS

Avez-vous déjà constaté que vous êtes parfois capable de créer des circonstances rocambolesques ? Votre voiture ne démarre pas avant un rendez-vous important. Le métro est en grève le jour de votre entretien d'embauche. Le réveil ne sonne pas le jour où vous devez participer à un stage de transformation. Une dépense que vous n'attendiez pas quand vous avez pour une fois un peu plus d'argent que d'habitude. Toutes ces conditions, nous nous les créons ou nous nous mettons en position de les vivre. En tant qu'être humain, vous êtes de puissants créateurs. Sauf que vous avez besoin de réguler cette capacité pour ne pas en être finalement victime.

Comment faire ?

1. Prenez seul la responsabilité de vos créations. Cela vous conférera autonomie et liberté.

2. Sentez la puissance de cette faculté créatrice.
3. Ne jugez pas vos créations passées. Voyez les juste comme des preuves de votre pouvoir de création.
4. Contactez l'énergie de l'A.S. Par exemple une voix dans votre tête qui vous dévalorise. Que ressentez-vous en l'écoutant ? De la colère, de la déception ou de la culpabilité ?
5. Prenez cette émotion et faites-la grandir en vous, par exemple en vous répétant : « Quand j'entends cette voix, quand je me dispute avec mes enfants, quand je ne trouve pas de travail, quand je suis dans le manque d'argent… je me sens… ». Et répétez plusieurs fois la phrase en question.
6. Aidez-vous de votre souffle en faisant des respirations profondes.
7. Aidez-vous de votre corps, mettez-vous débout ou bougez votre corps de manière à faire monter l'énergie de l'émotion que vous avez contactée.
8. Sentez-vous de plus en plus entouré par cette énergie.
9. Continuez jusqu'à manifester une nouvelle énergie ou émotion. Cela peut prendre plusieurs minutes.
10. Généralement, une fois la nouvelle énergie en place, vous ressentirez une détente et une force de création. Vous pouvez aussi vous sentir plus enthousiaste, ressentir plus de confiance ou avoir des idées nouvelles.

# Clef 10

## Décelez l'élément déclencheur

Vous avez peut-être l'impression trompeuse que vos AS sont des automatismes et que vous n'avez que peu de prise sur eux.

Sachez qu'ils sont toujours activés par un élément déclencheur. Lequel est une pensée, qui se transforme en émotion et qui finit par prendre la forme d'un comportement. Il est donc intéressant de disséquer cette première pensée sans laquelle l'AS ne pourrait prendre l'ascendant.

Hector est un mexicain de 37 ans dont la vie amoureuse est un désastre. Face à une femme qui lui plaît, il perd tous ses moyens. Du coup, il était célibataire depuis longtemps lorsqu'il est venu me trouver.

Ce que nous avons fait :

1. Je lui ai demandé de se relaxer,
2. De s'imaginer qu'il rencontrait une jolie femme et de me dire la première pensée qui lui passait par la tête. Comme à chaque fois en pareil cas, c'était : « Je sais que je ne lui plairais pas », me dit-il, une croyance, pourquoi lui démandais-je ?
3. Nous nous sommes penchés sur cette pensée en cherchant l'émotion qu'elle avait générée (Peur) puis le besoin qu'elle cachait (Sécurité). Une fois que ce fut fait, la pensée déclencheuse était désamorcée et Hector a connu un certain succès avec les femmes.

# CLEF 11

## Contactez votre véritable identité

Vous n'êtes pas vos AS, je vous l'ai déjà dit. Vous êtes l'être derrière ceux-ci.

Pour en faire l'expérience :

1. Reculez de quelques millimètres à l'intérieur de vous. Regardez-vous faire avec « neutralité », sans jugements, tel un observateur neutre et objectif.
2. Vous pouvez même regarder cet observateur. En méditation, on appelle cette qualité de présence « le témoin ».
3. En tant que témoin, vous constaterez qu'il y a plusieurs stades de conscience à l'intérieur de vous.

Une personne sous l'emprise d'un de ses personnages d'AS est comme en transe. Elle est en quelque sorte possédée. La présence l'aidera à s'en défaire. Plus vous la pratiquerez et plus elle deviendra naturelle.

# CLEF 12

## Cessez de trouver des excuses

Nous avons un tas de raisons pour ne pas nous mettre en marche, et la plupart sont simplement des excuses. Ces excuses vous permettent de vous sentir plus calme dans l'immédiat mais engendrent bien souvent un fort sentiment de culpabilité ensuite.

Parfois vous pouvez être démotivé et vous saboter, parce que vous ne vous sentez pas en accord avec ce que vous faites. Dans ce cas, vous ne pourrez pas faire des efforts à long terme car le corps réagit souvent à ce genre de pression en entrant en dépression ou en tombant malade. Demandez-vous si votre activité est en cohérence avec vos désirs, vos besoins et vos aspirations ? Si votre réponse est non, il faut songer à changer d'activité

Pour retrouver votre motivation personnelle, soyez sincère avec vous-même et passez à l'action en oubliant les excuses.

### Comment ?

1. Trouvez des sources de motivation dans ce que vous faites. Je vous avoue que l'écriture de ce livre m'a demandé des efforts, j'ai beaucoup d'engagement en ce moment et j'ai fait un peu de procrastination. Un jour, je me suis dit, « je le finis », et chaque fois que je reprends son écriture, je me motive en imaginant le moment où il sera fini, ma satisfaction de le voir publié, je l'imagine en librairie, avec les personnes

qui le liront, celles qui le mettront en pratique et changeront. Tous ces éléments m'encouragent à continuer et c'est vrai qu'une fois que je me remets à écrire, je prend du plaisir et cela va de soi. C'est ce désir de partage, d'aide, d'accomplissement personnel qui est pour moi source de motivation.

2. Négociez avec vous-même. Par exemple : *Quand j'aurais fini ce chapitre, j'irai au cinéma.*
3. Trouvez-vous un garant, c'est-à-dire une personne bienveillante qui croit en vous et qui vous encourage et qui vous demande de temps en temps ou vous en êtes dans votre projet.
4. Félicitez-vous ! Chaque fois que vous fait un effort pour rester dans l'action, reconnaissez-le. À l'intérieur de la plupart d'entre nous se cache un enfant qui a manqué de reconnaissance. Plus vous lui en témoignerez et plus il coopéra.

* * *

## CLEF 13

### Ne pas se battre avec ses AS

Lutter contre eux frontalement les renforce. Par exemple, si vous avez décidé d'arrêter de crier sur vos enfants, cette volonté peut générer une lutte. Laquelle va exciter un AS qui vous poussera au final à crier à nouveau. Vous allez vous sentir coupable et le système se renforcera.

1. Accueillez vos personnages, les pensées, jugements, émotions qu'ils génèrent en vous.
2. Accueillez les besoins non comblés comme expliqué plus haut.
3. La volonté et la lutte sont des stratégies complètement inefficaces pour les dépasser.

* * *

# CLEF 14

## Mettez-vous en scène

Dans les AS de comportement, mettez-vous en scène, et répétez autant fois que possible le geste problématique.

Cette manière de faire est inspirée des méthodes comportementalistes dans lesquels une personne répète inlassablement le geste qui l'obsède jusqu'à épuiser totalement l'énergie qui cherchait à s'exprimer à travers lui. Si par exemple vous aimez donner des ordres de manière maladive, habillez-vous en dictateur et soyez autoritaire avec des personnages imaginaires toute une après-midi.

J'ai fait cela un jour et à la fin j'étais dégoûté de mon comportement et il s'est nettement amélioré depuis.

Ca marche très bien avec les tocs.

Si vous devez vous laver les mains souvent par peur des microbes :

1. Prenez du temps.

2. Lavez-vous les mains de manière répétée jusqu'à ne plus avoir envie de refaire cette action.
3. Si le comportement revient, recommencez à nouveau, un jour, vous le dépasserez.

En allant au bout du geste vous épuisez l'énergie du comportement.

* * *

# CLEF 15

## Établissez la différence entre le personnage et le rôle

Il y avait par exemple en moi un personnage que je surnommais « thérapeute en permanence ». J'en parle au passé car je l'ai beaucoup travaillé et il s'est éclipsé. Il donnait très souvent à autrui des conseils de guérison non sollicités. Ce personnage m'a joué des tours mais en même temps, il m'a servi comme d'autres à développer mes compétences de thérapeute et d'enseignante.

Pour m'en débarrasser, je n'ai pas « jeté le bébé avec l'eau du bain ». J'ai fait la différence entre les comportements AS et le rôle qui se cachait derrière. Il était judicieux d'être en mode thérapeute lors de mes séances et de mes stages mais pas avec mes amis, mon compagnon ou mes enfants.

# CLEF 16

## Créez-vous des ancrages positifs

Il y a quelques années j'avais du mal à finir ce que j'entreprenais. C'était un comportement très enraciné en moi que je tenais de mon père. Lequel avait bien du mal à aller au bout de ses projets.

En mars 2011, je devais animer un stage à Madrid mais je n'avais que quatre inscrits. À cette époque, je travaillais depuis un moment sur mon personnage « je ne finis rien » et je me suis décidée à aller en Espagne même si j'y perdais de l'argent. Le stage a été mémorable. Mes quatre participants sont repartis ravis. Ce jour-là, j'ai ancré en moi la nouvelle croyance que je suis capable de finir ce que je commence, et mon personnage a commencé à disparaître ce week-end-là. Par la suite, j'ai fait d'autres actes symboliques d'engagement. Ils ont eu comme résultat le départ définitif du « je ne finis rien ».

### Comment créer des ancrages ?

1. Déterminer quelle émotion vous souhaitez provoquer.
2. Choisissez une expérience du passé qui a déjà provoqué cette émotion.
3. Choisissez un stimulus adapté sur lequel ancrer cette émotion. Il peut s'agir d'une pièce que vous gardez dans la poche, d'un bijou, d'un ruban attaché au poignet avec le mot « confiance », le signe de la victoire. Vous pouvez faire grandir le stimulus avec un mot, « oui », « yes », « je peux » ou « j'en suis capable »…

4. Ressentez l'émotion recherchée en visualisant l'expérience vécue et effectuez l'ancrage sur le stimulus choisi. Placez-vous pour cela si vous le pouvez dans un endroit calme et confortable. Si ce n'est pas possible, fermez les yeux et intériorisez-vous. Visualisez ce souvenir particulier, remettez-vous en situation, respirez profondément par le ventre, et laissez venir à vous l'émotion de ce moment précis. Imprégnez-vous de son énergie et laissez-la vous submerger. Quand vous sentez que l'émotion est à son paroxysme, concentrez-vous sur le stimulus choisi.
5. Continuez à laisser monter l'émotion de cette expérience passée en posant l'intention d'associer cette émotion à ce stimulus.
3. Attention, veillez à bien mettre fin à votre intention d'ancrage avant que l'émotion ne retombe !
7. Répéter et valider l'ancrage.
8. Répétez la quatrième étape trois fois, puis chaque jour jusqu'à ce que le stimulus seul provoque l'état désiré.

L'efficacité d'un ancrage réside dans l'intensité de la visualisation et du ressenti. Pour reprendre l'exemple du chien de Pavlov, l'ancrage est d'autant plus efficace que le chien est affamé lors des premières expériences où le son de la sonnette doit être associé à la faim. La répétition de l'expérience est la clé. Le chien de Pavlov n'a pas été conditionné en une fois…

## CLEF 17
## Concentrez-vous sur le chemin et pas sur le but

Une cliente que j'adore m'a dit un jour : « Quand je me concentre sur le but, je ne vois que des échecs. Mais quand je me concentre sur le chemin, cela me stimule. »

C'est d'autant plus vraie en matière d'AS. Envisagez la libération de vos AS comme une quête du héros que vous êtes. Quelles parties de vous vont se révéler dans votre chemin de guérison ? Quels ressources, talents, forces jusqu'à maintenant insoupçonnés mobiliserez-vous pour vous libérer ? Quelles personnes croiserez-vous sur ce chemin ?...

Ce changement de perspective peut vous faire également changer d'énergie et va vous motiver.

Vous verrez le travail sur vos AS comme un jeu plutôt que comme une tâche pénible.

* * *

## CLEF 18
## Regardez-vous avec bienveillance

Comme je l'ai dit dans la clef 11, sur le chemin de désidentification de votre AS, il y a une position qui vous aidera énormément, c'est celle de l'observateur.

Mais vous pouvez aussi de temps en temps changer cette neutralité par de la bienveillance. Regardez-vous sans jugement mais avec bonté comme vous le feriez avec un jeune enfant en train de faire preuve d'une maladresse. En agissant ainsi, vous pourrez faire passer vos AS de l'inconscient vers le conscient.

Comment faire ?

1. Imaginez-vous que vous contactez votre cœur et massez-le.
2. Respirez par le nez doucement et profondément.
3. Continuez à ressentir votre cœur, et regardez cette partie « immature » et « souffrante » en vous avec bienveillance (et non pas apitoiement)
4. Laisser votre cœur s'ouvrir d'avantage et continuez à vous regarder avec bienveillance, sans jugement, sans justifications, sans excuses.

Faites cet exercice le plus souvent possible. Vous changerez de regard sur vos AS et vous serez en empathie avec vous-même.

* * *

## CLEF 19

### Mettez votre AS à votre service

Tout n'est pas à jeter dans vos comportements d'AS. Peut-être même vous ont-ils permis de développer certaines compétences que vous pouvez utiliser à votre avantage.

Si vous êtes par exemple une folle du rangement, au point que cela vous cause des problèmes, mettez à profit ce talent à d'autres fins que de ranger sans cesse chez vous jusqu'à agacer les autres. Chercher-vous un travail où ce défaut deviendra une qualité.

Idem si vous aimez donner des ordres. Peut-être seriez-vous capable de diriger une équipe dans un cadre professionnel ?

Si vous aimez raconter des histoires, c'est-à-dire, vous êtes quelqu'un de créatif, serez-vous capable de les écrire ?

Bref, faites de votre AS et des compétences qu'il vous a permis de développer, un atout.

Quelles capacités, attitudes votre AS vous permet de manifester ? Comment pouvez-vous vous en servir ?

* * *

## CLEF 20

### Recommencez autant de fois que nécessaire

Si même en appliquant tout ce que vous aurez appris ici vous vous enfermez à nouveau dans vos automatismes, ne vous découragez pas et ne vous dévalorisez pas.

Nos AS sont parfois coriaces. Les apprivoiser et les libérer demandent parfois de la persévérance.

En répétant un exercice sans se décourager, il finira par vous prouver son efficacité.

* * *

## CLEF 21

### Félicitez-vous !

Observez vos progrès. Félicitez-vous après le plus minime d'entre eux. Fixez-vous de petits buts à atteindre. Un marathon se boucle pas à pas. Alors célébrez chaque évolution.

# CONCLUSION

Ce livre a été pour moi un véritable parcours initiatique. Je suis passée par plusieurs étapes. Tout d'abord je trouvais difficile de l'écrire bien que je le fasse régulièrement pour mon blog. Je me disais qu'un livre ce n'était pas fait pour moi, que je savais seulement écrire des articles courts, je ne trouvais pas l'inspiration, les mots ne coulaient pas facilement.

Un jour j'ai effacé par erreur dix pages que je venais d'écrire ! J'étais déçue, en colère. Je pensais ne jamais pouvoir terminer. Jusqu'au moment où j'ai pris conscience que j'étais tout simplement en train de m'auto-saboter. « Au moins je connais bien mon sujet!!! » me suis-je dit non sans humour. Avec beaucoup d'efforts, je suis arrivée à la partie des « clés » de cet auto-sabotage et là quelque chose a sauté. J'ai retrouvé l'inspiration, l'écriture est devenue fluide, je prenais du plaisir, j'étais joyeuse, motivée. J'ai pu corriger les deux premières parties sans difficulté.

J'étais en train de finir ce livre et le « tableau » de la résolution de mes problèmes d'argent, que j'ai évoqué au début de cet ouvrage ne me paraissait pas clair encore, mais hier soir la réponse m'est arrivée.

En plus de guérir certaines de mes blessures émotionnelles en lien avec l'argent, en accueillant mes émotions, deux points ont été déterminants. Je les ai *conscientisé* avec l'écriture de cet ouvrage :

Tout d'abord le pardon par l'acceptation de la partie en moi qui avait créé ces difficultés. Cette quête de guérison m'a emmené tellement loin que j'ai vraiment de la gratitude pour cette part de moi qui m'a maintenue dans le manque d'argent pendant des années. Je reconnais son importance. D'autre part la prise de conscience que je suis soutenue par la vie, par l'univers, que je l'ai toujours été et que cela restera ainsi, que la vie est abondante, qu'elle contient tout ce dont j'ai besoin et même plus. J'appelle ça « la Providence » et j'ai besoin de cette connexion à la Source.

**Je vous invite à nouveau à comprendre que même vos pires comportements d'AS ont une raison d'être. Ils ne sont que des symptômes. Faites le choix de les écouter. Ils vous mèneront alors malgré eux par des chemins insoupçonnés à la rencontre de votre véritable identité. De votre vrai « VOUS ».**

**Quelle expérience magnifique vous attend…**

* * *

## Pour aller plus loin

J'anime à Paris et ailleurs, une fois par mois, des stages de transformation sur plusieurs sujets :

– Libérez-vous des Blessures Émotionnelles
– De la Peur à la Confiance
– Adieu aux Croyances Limitantes
– Libérez-vous de vos auto-sabotages
– L'autre est mon miroir
– La Nouvelle Loi d'Attraction
– Réveillez votre Énergie et retrouvez votre Mission de Vie
– Guérir sa relation avec l'argent

Je reçois également en consultations privées. J'organise aussi des voyages initiatiques et de guérison. Pour en savoir plus, consulter : **www.maitredetavie.com**

* * *

## Remerciements

Merci à tous ceux sans qui ce livre n'aurait
pu voir le jour
Alicia Machado des Éditions Lanore pour avoir cru
en moi d'une manière surprenante.
François-Xavier Sorlot, pour m'avoir ouvert la porte
de sa maison d'éditions.
Robin et Ana Lilia Perez pour m'avoir concocté
une belle couverture et pour leur grande patience.
Anne Rose pour avoir relu mes premiers jets
et m'avoir suggéré quelques idées d'amélioration.
Julio Heras, mon grand ami et associé pour m'avoir
soutenu inconditionnellement.
Massiel Socorro pour m'avoir harcelé jusqu'à ce que
j'arrive enfin à boucler mon manuscrit.
Ma mère pour avoir tant cru en moi et m'avoir
tant encouragée.
Ma sœur pour son soutien bienveillant.
Mateo, Alicia et Tobias pour leurs encouragements.
À Catherine et Florence qui m'ont aidé
avec les touches finales.
Et enfin Laurent Grabet qui l'a corrigé
avec persévérance.

# Table des matières

Dépôt légal : mars 2015 N° imprimeur : 051551554

*Imprimé en France par Présence Graphique - Monts.*